U0952047

社会工作作为专业力量参与脱贫攻坚，
将专业队伍、专业方法、专业力量运用到脱贫攻坚的工作中，
发挥了不可替代的专业优势和人才优势，
提升了反贫困工作的专业性。

国家出版基金项目
NATIONAL PUBLICATION FOUNDATION

大国攻坚·反贫困社会工作丛书

丛书主编　向德平

反贫困社会工作：理论与经验的对话

杨发祥　叶淑静　等　著

華東理工大學出版社
EAST CHINA UNIVERSITY OF SCIENCE AND TECHNOLOGY PRESS
·上海·

图书在版编目(CIP)数据

反贫困社会工作：理论与经验的对话 / 杨发祥等著
.— 上海：华东理工大学出版社，2023.5(2024.12 重印)
(大国攻坚·反贫困社会工作丛书 / 向德平主编)
ISBN 978-7-5628-7033-3

Ⅰ.①反… Ⅱ.①杨… Ⅲ.①扶贫—社会工作—研究
—中国 Ⅳ.①F126

中国版本图书馆 CIP 数据核字(2023)第 097892 号

内 容 提 要

本书运用社会工作理论视角，系统梳理了反贫困社会工作的理论脉络和演进理路，结合脱贫攻坚地区反贫困的实践经验和典型案例，就反贫困社会工作主题开展西方理论与本土经验的对话。从内生性动力角度来看，项目扶贫、组织扶贫、驻村干部扶贫、民族地区扶贫、健康扶贫、易地扶贫等反贫困模式，乃至从脱贫攻坚到乡村振兴，无不融入了社会工作的理论关怀。本书可作为反贫困社会工作理论和实务的专业参考书，也可作为从事巩固拓展脱贫攻坚成果的一线工作者等有关人士的读物。

策划编辑 / 刘　军
责任编辑 / 秦静良
责任校对 / 祝宇轩
装帧设计 / 王　翔
出版发行 / 华东理工大学出版社有限公司
地址：上海市梅陇路 130 号，200237
电话：021-64250306
网址：www.ecustpress.cn
邮箱：zongbianban@ecustpress.cn
印　　刷 / 上海中华商务联合印刷有限公司
开　　本 / 710 mm×1000 mm　1/16
印　　张 / 15.5
字　　数 / 190 千字
版　　次 / 2023 年 5 月第 1 版
印　　次 / 2024 年 12 月第 2 次
定　　价 / 98.00 元

版权所有　侵权必究

编委会名单

专家委员会成员：

王思斌　阮曾媛琪　徐永祥　谢立中　蔡　禾

关信平　马凤芝　彭华民

丛书主编：

向德平

编委会成员：

卜长莉　马凤芝　文　军　尹忠海　邓　锁

田北海　田毅鹏　吕　方　向　荣　向德平

刘　军　芦　恒　苏　光　杨发祥　肖　萍

肖富群　吴　帆　吴越菲　何雪松　张文喜

张和清　张翠娥　陈　琦　林移刚　赵怀娟

徐丽敏　高万红　黄　锐　程　玲　童　敏

丛书总序

我国以脱贫攻坚为标志的国家级重大反贫困行动，于2020年年底取得了预期成果，绝对贫困总体上被消除。脱贫攻坚可以说是中国乃至世界反贫困史上的一件大事，值得书写一笔。社会工作作为一种专业力量参与其中，并发挥了重要作用，其实践和经验值得总结。由向德平教授主编的"大国攻坚·反贫困社会工作丛书"在这方面做了开创性的工作，值得我们称赞。

一、社会工作参与反贫困是一项重大的专业实践

（一）反贫困是社会工作的一项核心任务

社会工作自产生之日起，就与反贫困结下了不解之缘。不是社会工作"贪恋"反贫困，而是贫困给贫困群体带来了巨大的痛苦。社会工作作为一种以帮助困难群体缓解困难、追求社会公正与社会进步为己任的专业，理应把反贫困的责任放在自己的肩上。在世界社会工作反贫困历史上，发达国家的社会工作参与反贫困基本上是通过实施社会救助和社会慈善的方式进行的，并形成了社会工作的著名模式。第二次世界大战以后，发展中国家的反贫困主要面向农村展开，经济开发、社区发展成为其主要模式，20世纪50年代联合国倡导的社区发展原则正是社会工作参与反贫困所应遵循的。20世纪80年代以后出现的发展型社会工作，一方面与发展中国家的政府、社会工作者、发展工作者的实践有关，另一方面也受产生于发达国家的社会投资

等理论的影响。这些实践取得了一定的成绩，也为后来发展中国家的反贫困提供了借鉴和参照。

我国作为经济社会政策和发展项目的反贫困工作是从20世纪80年代中期开始的，最初是经济开发，接着是扶贫攻坚，主要是发展经济，由政府部门、国有大中型企业和贫困农户承担主要责任。2015年，我国开始实施脱贫攻坚工程，中央明确要求形成由专项扶贫、行业扶贫和社会扶贫互为补充的大扶贫格局，做到扶贫开发与经济社会发展相互促进，不但注重产业脱贫，而且加强教育等多层面脱贫；要求坚持群众主体，激发内生动力，注重扶贫扶智，增强贫困人口自我发展的能力，同时实施扶贫志愿者行动计划和社会工作专业人才服务贫困地区计划。这样，社会工作力量作为脱贫攻坚的有机组成部分，有了“特殊”的实践机会，也能够更有针对性地参与反贫困行动。2017年，《民政部 财政部 国务院扶贫办关于支持社会工作专业力量参与脱贫攻坚的指导意见》(以下简称《意见》)要求中国社会工作教育协会发挥推动作用，进行教育扶贫。同时，我国开始实施社会工作服务机构“牵手计划”，从发达地区选择专业性强的社会工作服务机构，与贫困地区社会工作服务机构等进行结对。社会工作教育界积极响应政府部门的号召，组织、动员和支持各社会工作院系参与这一具有历史意义的反贫困行动。各类群体参与脱贫攻坚成为中国社会工作重建以来，规模最大、时间较长、有组织、有目标要求的集体性行动。

(二) 社会工作参与脱贫攻坚取得了积极成果

按照民政部等部门的《意见》，中国社会工作教育协会参与脱贫攻坚是教育扶贫，其主要任务如下：高校社会工作专业院系要与贫困地区合作建立社会工作专业培训、教师实践和学生实习实训基地，帮助贫困地区培养社会工作专业人才；高校社会工作专业教师到贫困地区开展专业督导，引导社会工作专业在校生到贫困地区进行社会实践；支持鼓励社会工作专业毕业生到贫困地区就业。在中国社会工作教育协会的组织动员下，各社会工作院系秉持专业精神、发挥主观能动性，组织师生、链接资源、深入贫困地区，开展了多项服务，较好地完成了《意见》提出的任务，并尽己所能地为贫困地区的居民做贡献，在脱贫攻坚中取得了不少开创性成果。社会工作教育界支持了贫困地区的脱贫工作，促进了贫困地区社会工作人才和专业力量的发展，也获得了参与反贫困的直接经验，使我们感受到了当地干部群众和派驻的扶贫干部在反贫困中表现出来的坚韧不拔的精神。同时，参与脱贫攻坚也成为各社会工作院系坚持理论联系实际、开展实践教学、在实践中培养学生、在比较中进行研究的重要场域，因而参与者的收获是丰硕的。

对于参与脱贫攻坚，中国社会工作教育协会领导班子给予了高度重视，设计行动计划、动员组织力量，推动了整个工作向前发展。中国社会工作教育协会还建立了反贫困社会工作专业委员会，在贯彻落实协会的总体部署、推动整个活动发展方面发挥了积极作用。作为反贫困社会工作专业委员会的负责人，向德平教授和他主持的反贫困研究机构积极配合、主动工作，有力地推动了中国社会工作教育协会工作的开展。

二、社会工作界参与反贫困是理论与实践比较、互动和提升的过程

（一）社会工作教育界参与反贫困是理论与服务实践的互动过程

社会工作教育界参与反贫困的特点是，一批批具有深厚社会工作理论

与知识积累的高校教师和研究生、高年级本科生开展实践活动，这同时也是他们走出课堂和校门开展社会工作服务的过程。在一定意义上，它是理论指导实践的过程，也是实践检验书本知识和理论的过程。反贫困工作是在自然环境复杂、文化传统多样的贫困地区展开的，社会文化因素深深地影响着反贫困行动的开展。在上述经济、政治、社会、文化背景下开展的反贫困，必然比书本上介绍的复杂得多。社会工作界参与反贫困，必然会遇到上述复杂因素的影响，会遇到许多亟待解决的“中国式”问题。这是一个不断比较、选择、实践和反思的过程。对社会工作教育界来说，这是一系列挑战，也是在克服困难中不断成长的过程。

（二）书写经验是反贫困理论和实践成果的延伸

社会工作者的基本品格是奉献和共享发展成果，同时社会工作教育界又有改进教育、传播知识、贡献社会的责任。从这个角度来说，将参与反贫困的经验和思考写出来，是十分有意义的事情。向德平教授主编的这套书正是此种努力的体现。该丛书组织了国内社会工作界20多位专家学者，基于社会工作实践，总结反贫困的相关模式和经验，生产社会工作知识，价值显而易见。

该丛书以实践为基础，兼顾了反贫困知识和实践的完整性。它是多视角、全方位和具有整体性的。其主要视角包括社区为本视角、抗逆力视角、内生动力视角、资产建设视角、金融服务视角、可行能力建设视角、赋权视角、贫困治理视角、心理弹性和生涯辅导视角等。它关注的服务对象主要包括儿童、老年、妇女、残疾人及西部农村中的弱势群体。该丛书既介绍既有的社会工作理论，也介绍中国特色的社会工作实践。基于本土实践，它介绍了社会工作参与反贫困模式的多样化和经验的多元化，反映了中国反贫困的经验及社会工作参与反贫困的机制，阐明了专业社会工作是如何发挥专业优势、实现服务效能的。

该丛书也是系列教材，体现了从理论到实践、从实践到知识的转化过程。这里包含了对反贫困知识和理论的选择，包括在实践中对社会工作知识的运用和反思，也包括基于实践的知识建构，还包括不同类型和不同层次的建议。该丛书内容丰富，有借鉴、有创新，可指导实践，也为反贫困研究提供了参考框架，是反贫困领域的学术力作，是社会工作本土化的重要成果。

三、在乡村振兴中更好地运用和发展社会工作参与反贫困的经验

到2020年年底，我国在总体上消灭了绝对贫困，但是相对贫困还会长期存在。中国共产党第十九届中央委员会第五次全体会议提出“实现巩固拓展脱贫攻坚成果同乡村振兴有效衔接”，我国巩固脱贫成果和反贫困的任务依然是十分繁重的。在走向乡村振兴、实现共同富裕的进程中，已经取得的反贫困经验在一定程度上依然有效，这与相对贫困现象在地域、群体、经济状况、社会生态和文化上的连续性密切相关。当然，相对贫困也有自身的特点，贫困群体有了以往反贫困的经验，有了相对好的经济基础和社会生活条件，他们摆脱贫困的内在动力和能力也有所增强。但是我们也要看到，在新的国际国内形势下，面对不断加剧的市场化竞争，相对贫困群体的生存压力不会减少，反贫困的发展性要求会更加突出。我国已经进入社会主义现代化建设的新阶段，要贯彻新的发展理念，构建以国内大循环为主体、国内国

际双循环相互促进的新发展格局，其中乡村全面振兴、遏制返贫现象发生、实现共同富裕任务艰巨。在这种背景下，社会工作者在参与脱贫攻坚中获得的经验仍然有重要的参考价值。我们也期待社会工作者群体在参与乡村振兴和解决相对贫困问题方面取得新的成果。

把论文写在祖国大地上，中国社会工作教育界以自己的实际行动在认真践行。

王思斌
北京大学社会学系

主 编 序

打赢脱贫攻坚战，是实现中华民族伟大复兴的底线要求，是贫困地区与全国一起全面建成小康社会的关键之举，是实现国家长治久安的重要保障。

我国扶贫开发进入精准扶贫、精准脱贫的新阶段。精准扶贫战略贵在精准，精准与专业具有同构性，只有调动专业的力量参与精准扶贫，才能进一步提升精准识别、精准帮扶、精准管理的精准度，才能更专业地解决贫困人口在脱贫过程中的个性问题与发展问题。社会工作参与脱贫攻坚具有重要的意义，在反贫困工作中扮演着重要的角色。

社会工作作为专业力量参与脱贫攻坚，将专业队伍、专业方法、专业力量运用到脱贫攻坚的工作中，发挥了不可替代的专业优势和人才优势，提升了反贫困工作的专业性。事实上，社会工作起源于贫民救济或慈善事业，其发展的历史就是人们与贫困做斗争的历史。社会工作的专业方法、理念正是人们在与贫困及相关社会问题做斗争的实践中逐步形成和发展起来的，因此，社会工作参与脱贫攻坚具有深厚的历史基础和重大的现实意义。社会工作参与脱贫攻坚是社会扶贫的重要组成部分。作为精准扶贫的专业力量，社会工作通过需求评估，精准识别贫困人口及其致贫原因；通过资源整合，动员与协调各方扶贫力量和扶贫资源；通过提升扶贫对象的能力，激发和提升扶贫对象的内生动力和可行能力。社会工作参与脱贫攻坚，有助于提高反贫困工作的精准性和可持续性，实现由“输血型”扶贫向“造血型”扶贫、救助型扶贫向发展型扶贫的转变。

党中央、国务院十分重视社会工作专业人才服务贫困地区的工作，《中共中央 国务院关于打赢脱贫攻坚战的决定》（中发〔2015〕34号）、《中华人民共和国国民经济和社会发展第十三个五年规划纲要》和《国务院关于印发“十三五”脱贫攻坚规划的通知》（国发〔2016〕64号）对实施社会工作专业人才服务贫困地区计划、支持专业社会工作和志愿服务力量参与脱贫攻坚提出了明确的要求。为贯彻落实党中央、国务院的决策部署，支持社会工作专业力量参与脱贫攻坚工作，《民政部 财政部 国务院扶贫办关于支持社会工作专业力量参与脱贫攻坚的指导意见》发布，民政部办公厅、国务院扶贫办综合司出台了《社会工作教育对口扶贫计划实施方案》。

为落实《民政部 财政部 国务院扶贫办关于支持社会工作专业力量参与脱贫攻坚的指导意见》的精神，贯彻实施民政部、国务院扶贫办联合制定的《社会工作教育对口扶贫计划实施方案》，深入推进教育扶贫工作，全国社会工作专业学位研究生教育指导委员会和中国社会工作教育协会积极实施“社会工作教育对口扶贫计划”，组织全国200多所高校参与社会工作教育对口扶贫工作。在反贫困社会工作实践中，社会工作教育和实践工作者积极探索，积累了较丰富的实务经验，总结了一批典型案例，产出了一系列理论成果。本丛书是中国社会工作参与反贫困成果的系统呈现。

2019年3月16日，中国社会工作教育协会反贫困社会工作专业委员会与华东理工大学出版社在武汉举行“大国攻坚·反贫困社会工作丛书”启动仪式。来自十几所高校的20余名作者代表参加了会议。会议研讨、确定了本套丛书的写作框架和主要内容。

本丛书是在全国社会工作专业学位研究生教育指导委员会、中国社会工作教育协会的指导下，由中国社会工作教育协会反贫困社会工作专业委员会具体组织完成的。王思斌教授、阮曾媛琪教授、谢立中教授、蔡禾教授、关信平教授、马凤芝教授、彭华民教授全力支持反贫困社会工作专业委员会的工作，指导本丛书的编写。

中国社会工作教育协会前任会长徐永祥教授高度重视本丛书的编写工作，为丛书的编写和出版提供了巨大的支持。本丛书寄托了全体社会工作同仁对徐永祥教授的深沉怀念！

感谢所有关心、支持本丛书的专家和同仁！

向德平
华中科技大学社会学系

前 言

2013年11月，习近平总书记在考察湘西十八洞村时首次提出“精准扶贫”的理念。党的十八大以来，习近平总书记对精准扶贫理念进一步作出了重要论述，提出要在“扶持对象、项目安排、资金使用、措施到户、因村派人、脱贫成效”等六个方面坚持做到“精准”，坚持对扶贫对象实行精细化管理、对扶贫资源实行精确化配置、对扶贫对象实行精准化扶持，要求把精准扶贫贯穿扶贫开发的全过程。这为打赢脱贫攻坚战提供了制胜法宝。各地特别是深度贫困地区在精准脱贫战略的指导下不断进行理论创新和实践探索，夯实了我国扶贫事业的基础。

本书重点考察了我国西南民族地区的反贫困实践进程，并结合其中各种实践经验和典型案例进行了反贫困社会工作的学理性思考。首先，从反贫困社会工作的知识建构与文化反思的角度去重新梳理反贫困实践的过往经验与历史教训，同时代入社会工作专业的人文关怀与个体叙事视角。其次，以内生性发展为核心概念，对反贫困实践中的项目运作与组织逻辑进行深刻反思，提出要重视发挥贫困地区、贫困人口的主体性和能动性作用，变“输血”为“造血”，提升脱贫长效性。最后，以“嵌入—建构—增能”为理论框架，重点选取一个民族地区精准脱贫的实践场域，通过金融扶贫、健康扶贫和易地搬迁扶贫的典型案例来呈现反贫困社会工作思维在其实践中的内嵌性。

打赢脱贫攻坚战并不意味着反贫困工作的结束，从绝对贫困迈向相对贫困,“后2020时代”的反贫困工作将面临更多挑战,也需要更多理论建构和实践探索。本书基于社会工作的多重理论视角,系统梳理反贫困社会工作的理论脉络和演进理路,结合脱贫攻坚地区反贫困的实践经验和典型案例,围绕反贫困社会工作主题开展西方理论与本土经验的对话,为反贫困社会工作的理论建构和实践探索提供翔实资料和丰富经验。

杨发祥

目　　录

CONTENTS

第一章　导　论

2015年年底,《中共中央 国务院关于打赢脱贫攻坚战的决定》提出了精准扶贫战略。党的十九大报告明确提出,确保到2020年我国现行标准下农村贫困人口实现脱贫,贫困县全部摘帽,解决区域性整体贫困,做到脱真贫、真脱贫。

时光荏苒,在党和政府的领导下,我国农村的贫困人口在2020年已基本实现脱贫,这是全球范围内反贫困伟大战役的巨大胜利。然而,脱贫攻坚目标的实现并不意味着反贫困工作的结束,从绝对贫困过渡到相对贫困,"后2020时代"反贫困面临着更多挑战。

第一节　反贫困:一个世界性的战略议题

贫困是相对的,而非绝对的,对贫困人口的评定是根据现行的贫困标准进行的。改革开放后,我国的贫困标准一直在提升,贫困线以2011年制定的年人均纯收入2 300元(不变价)为基准不定期地进行调整:2014年为2 800

元/年，2015 年为 2 968 元/年，2019 年为 3 747 元/年，2020 年已达 4 000 元/年。我国现行的贫困线已经高于世界银行于 2015 年制定的国际贫困标准(每人每天生活支出 1.9 美元)。然而，与发达国家相比，我国的贫困标准依然是偏低的。贫困标准是在不断变动的，这就意味着已经脱贫的人口很有可能会被重新划入贫困人口的范围内。“后 2020 时代”，我国的反贫困任务并不会伴随着绝对贫困的消灭而结束，而是从反绝对贫困迈向反相对贫困的阶段。在相对贫困阶段，我们一方面要巩固脱贫成果，另一方面要从追求脱贫数量向提高脱贫质量转变。

一、贫困标准：从单维到多维

2008 年，世界银行根据 15 个贫穷国家的贫困线平均值，确定每人每天生活支出 1.25 美元为国际贫困线。上面已经提及，2015 年，世界银行按照 2011 年购买力平价调整国际贫困线为每人每天生活支出 1.9 美元。这种以经济标准为贫困线唯一的考量维度，忽略了国家与国家、地区与地区之间的差异，不能反映贫困者在获得教育、健康和社会权利上的相对被剥夺情况。“后 2020 时代”，相对贫困的标准应该是多维度的，既要反映经济维度，考虑收入和就业，又要反映社会发展维度，考虑教育、健康、社会保障、信息获得等方面。新发展理念和生态补偿脱贫实践经验还要求把生态环境纳入多维贫困框架中①。阿尔基尔(Alkire)和福斯特(Foster)提出了 A－F 多维贫困

① 王小林、冯贺霞：《2020 年后中国多维相对贫困标准：国际经验与政策取向》，《中国农村经济》2020 年第 3 期。

测算方法，从工作、教育、健康、生活水平、交通等维度评测贫困状况[①]。尽管不同学者在具体贫困维度的界定方面存在差异，但对贫困标准从单维发展到多维的判断和事实已经形成共识。

二、反贫困动力：从外源性到内源性

此次脱贫攻坚战能够取得巨大成就的宝贵经验之一是，政府通过财政收入转移，向贫困地区大力倾斜。政府的财政支持能从数据上快速改善贫困户的贫困状态，却不能彻底消除脱贫后容易返贫的困境。强力的外部支持可能导致贫困人群养成依赖心理，缺乏脱贫的主动性。贫困者要实现长久脱贫，其自主脱贫的内生动力必须得到激发，正所谓“扶贫先扶人，扶人先扶志”。扶贫开发进入新阶段，要巩固脱贫成效，预防脱贫人口返贫，增强贫困人口持续增收能力；要将扶贫与扶观念、扶思想、扶信心相结合，激活贫困者致富愿望，增强其自主性、自信心[②]，培养贫困人口的内生动力[③]；要实现单一的政府自上而下“输血”向多主体参与的自下而上“造血”转变。

三、资源配置：从政府主体到多元主体

在 2020 年之前，政府在反贫困实践中扮演了主要角色，发挥了主要作

---

① Sabina Alkire and James Foster, “Counting and Multidimensional Poverty Measurement,” *Journal of Public Economics* 95, no. 7 - 8(2012): 476—487.

② 张志胜：《精准扶贫领域贫困农民主体性的缺失与重塑——基于精神扶贫视角》，《西北农林科技大学学报(社会科学版)》2018 年第 3 期。

③ 史娜娜、向德平：《社区为本：贫困人口内生动力培育的基础与重点》，《重庆理工大学学报(社会科学版)》2020 年第 2 期。

用。无论是大量财政资源的投入，还是人力资源的支援，都是在强政府的积极作为中实现的。这样可以集中力量办大事，可以通过扶贫政策快速解决数量众多、同质性较强的贫困问题。但是，在进入相对贫困阶段以后，贫困者问题的多样性会呈现出来，具有分散性、个性化的问题很难通过一刀切的政策得到根本解决。如果依然凭借政府的力量进行“大水漫灌”，那么即使成本再高，也难以实现脱贫目的。在应对相对贫困局面时，政府要与社会力量、多元主体一起解决贫困问题，社会工作就是其中一支重要的专业力量。

四、贫困形态：从绝对贫困到相对贫困

绝对贫困线是基于“获得维持体力的最低需要”的“购物篮子”所需要的货币预算确定的①。全面建成小康社会之后，我国反贫困战略发生了历史性转变，相对贫困在扶贫工作中的战略定位更加凸显②。相对贫困不再基于最低的生理需求，而是基于社会的比较。汤森（Tonson）认为，当个人或家庭的资源严重低于个人或家庭平均所需就陷入了相对贫困③，这些资源包括饮食、衣着、住房、居住环境、工作的条件和福利、娱乐、健康和社会关系等维度。阿马蒂亚·森（Amartya Sen）则认为，即使是相对贫困也存在一个绝对的核心，即穷人缺乏获得基本物质生存机会的可行能力④。其他学者指出，

① B. Seebohm Rowntree, *Poverty: A Study of Town Life* (London: Macmillan, 1901), p. 103.

② 高强、孔祥智：《论相对贫困的内涵、特点难点及应对之策》，《新疆师范大学学报（哲学社会科学版）》2020 年第 3 期。

③ Peter Townsend, “The Meaning of Poverty,” *The British Journal of Sociology* 13, no. 3(1962): 210—227.

④ Amartya Sen, “Poor, Relatively Speaking,” *Oxford Economic Papers* 35, no. 2 (1983): 153—169.

社会排斥、缺乏权力与话语权等也是相对贫困的表现。① 尽管学者们关于相对贫困的观点多有不同，但都是基于对传统绝对贫困观点的反对和改进。在相对贫困阶段，贫困问题将更加复杂，反贫困的策略也会发生巨大转变。

第二节 反贫困与社会工作

社会工作源于反贫困实践，其发展历程与反贫困问题息息相关。目前反贫困仍然是社会工作的重要领域。社会工作具有多重属性，既是一种理论、价值观、专业技术，也是社会政策的组成部分，还是反贫困的实践力量。在相对贫困时代，社会工作将发挥越来越重要的作用。

一、社会工作的反贫困渊源

社会工作自诞生之日起，就一直在和贫困作斗争。19 世纪，中叶英国率先完成工业革命。随着农业社会向工业社会的过渡，在圈地运动中失去土地的农民涌进城市，底层劳动人民的生活极为悲惨。为了帮助贫民，许多宗教团体有组织地开展了救助贫民的工作。为了增强救助的有效性，英国牧师托马斯·查默斯(Thomas Chalmers)开始挑选和培训友善访问员(friendly visitor)，这些受过训练的友善访问员成为社会工作的前驱。可见，社会工作源于反贫困实践，社会工作的历史在一定程度上就是与贫困作斗争的历史②。在发展

① 郭熙保、罗知：《论贫困概念的演进》，《江西社会科学》2005 年第 11 期。
② 向德平、姚霞：《社会工作介入我国反贫困实践的空间与途径》，《教学与研究》2009 年第 6 期。

中国家，反贫困也是社会工作的重要领域。例如，非洲社会工作致力于解决贫穷、艾滋病、社会经济基础建设的匮乏、政治动荡、人权与社会正义缺失等问题①。印度社会工作在反贫困中也发挥着重要作用②③。

在中国历史上，政府与民间都实行过各种赈灾、救助贫民的举措。在20世纪二三十年代，晏阳初、梁漱溟等人发起了轰轰烈烈的乡村建设运动，大批知识分子深入农村，开展了针对农民“愚、贫、弱、私”问题的运动，力图改善农村贫困落后的面貌，这被一些学者看作本土社会工作的开端④⑤。社会工作专业恢复重建后，农村社会工作也一直是我国社会工作的重要领域之一。2017年6月27日，《民政部 财政部 国务院扶贫办关于支持社会工作专业力量参与脱贫攻坚的指导意见》发布，至此我国反贫困中的社会工作介入不仅拥有了制度上的合法保障，而且获得了政策上的顶层支持。

二、反贫困的社会工作属性

社会工作具有多重属性，生动体现在反贫困实践中。作为理论和价值理念，社会工作为反贫困实践提供了新的视角和立场，赋权增能的优势视角、身心社灵的全人视角等，对反贫困工作产生了新的启发。社会工作在价

① 余云楚：《社会工作专业化的梦魇：一个社会学的剖析》，载何芝君、麦萍施《本质与典范：社会工作的反思》，香港八方文化出版社，2001，第67—90页。

② Pandey Beni Madhav, “Poverty in India: The Role of Social Work Intervention in the Eradication of Poverty,” *The Asian Man* 7, no.1(2013): 224—231.

③ Govindasamy Agoramoorthy and Minna J Hsu, “Irrigation-based Social Work Relieves Poverty in India's Drylands,” *International Social Work* 58, no.1(2015): 23—31.

④ 杨发祥、闵慧：《中国农村社会工作发展探析》，《福建论坛(人文社会科学版)》2011年第1期。

⑤ 刘振、徐永祥：《本土化社会工作还是爱国主义运动？——乡村建设运动的再认识》，《新视野》2020年第1期。

值理念上以服务对象为中心，以尊重和接纳的态度保护人的尊严、相信人的潜能，使人免于被标签化，关注人的能力成长，增进人的福祉。社会工作“助人自助”的基本理念和“赋权”“增能”“案主自决”的主张，与反贫困中“造血式扶贫”的理念不谋而合。社会工作个别化、差异化的工作原则与精准扶贫理念也是相通的①。社会工作介入精准扶贫在工作方法应用与角色扮演上具有“天然”优势，与精准扶贫的契合度较高，是用“靶向药物”对“贫困疾病”的精准治疗②。作为一种方法，社会工作为反贫困实践提供了专业的介入手段，能够提升反贫困工作的有效性。有学者指出，社会工作个案、小组、社区工作方法，已经成为扶贫工作的国际惯例③。

作为政策和实践力量，社会工作嵌入现有的社会政策中，对于更好地为贫困人口提供社会福利，促进社会公平与社会进步，具有一定的促进作用。政府购买社会工作服务，以项目化为实现方式，通过政社合作来提升扶贫工作的专业性和效率。在政府、市场、社会三位一体的扶贫结构中，社会一直是较弱的一环。社会工作和社会组织的发展，增强了社会力量，起到了补位的作用。作为实践力量，大批的社会工作者投入反贫困实践中，为反贫困工作带来生机活力，成为反贫困的多元主体之一。

总而言之，社会工作与反贫困有着极深的渊源，社会工作的出现在一定程度上是朝着贫困问题的解决的。社会工作的理论、价值理念、专业方法对

① 李迎生、徐向文：《社会工作助力精准扶贫：功能定位与实践探索》，《学海》2016 年第 4 期。

② 侯利文：《社会工作与精准扶贫：理念牵引、技术靶向与现实进路》，《学术论坛》2016 年第 11 期。

③ 唐钧：《中国的贫困状况与整合性反贫困策略》，《社会发展研究》2015 年第 2 期。

于贫困问题的解决有所助益，而作为政策和实践力量的社会工作参与到反贫困实践中，在解决贫困问题方面发挥了切实的作用。

第三节　反贫困社会工作的时空情境

我国反贫困社会工作理论的发展与国家整体性反贫困实践紧密相关，这在实践中不断得到发展和验证。我们一方面要吸收国际减贫经验，另一方面必须认识到我国减贫实践具有强政策推动性和“集中力量办大事”的强资源投入特性，特别是2020年全面建成小康社会之后面临的持续减贫问题是新的历史阶段出现的新问题，没有现成的理论可以参照。因此，我们要一边实践，一边总结经验，发展指导理论，主动建构自己的理论框架和话语体系。

一、政策文本：脱贫攻坚战背景下的制度建构逻辑

反贫困社会工作理论的发展离不开政策文件的推动，也可以说部分理论是在回应有关政策和进行福利政策传递转化过程中逐渐完善起来的，更有部分理论是以有关政策文本为范本，在相同的语境中使用规范化表达的概念，从而进行理论建构的。党的十八大召开之后，贫困人口脱贫成为全面建成小康社会的底线任务和标志性指标，我国扶贫开发进入脱贫攻坚的新阶段。党的十九大以来，党中央在脱贫攻坚、保障和改善民生、加强和创新社会治理等方面提出了新的要求。因此，面对新时代、新形势和新任务，围绕破解反贫困社会工作系统化难题，探索符合当前时代特征、体现社会发展

需要、契合人民群众需求的反贫困社会工作本土理论十分重要。

经过30多年的脱贫攻坚战，我国已经形成了较为完备的反贫困工作战略、组织布局和应对措施。将社会工作融入精准脱贫和社会治理的大局中，运用专业方法回应人民对美好生活的向往，彰显社会工作专业服务成效，是社会工作参与贫困治理的重要方向。《民政部 财政部 国务院扶贫办关于支持社会工作专业力量参与脱贫攻坚的指导意见》等文件的相继出台，是反贫困社会工作的合法性来源的制度保障。脱贫攻坚“理论—政策—实践”的互动转换，建构了意识形态话语与政策科学研究的互动空间，避免了学术研究成果与现实发展需求的割裂，也激发了学术与政策领域的研究活力。

二、转型发展：城乡融合发展与人民美好生活需要

社会工作在福利政策体系中承担着福利资源向下传递的专业责任，体现了党和国家对不同社会群体的现实关怀。在新时代背景下，社会工作专业发展的现实条件和历史任务已发生转变，从单纯服务困境群体转向投入城乡社会融合发展的大格局中。同时，反贫困社会工作的目标也从协助脱贫转向巩固减贫效果和持续反返贫实践，以期更好地回应新时代人民群众对美好生活的向往。

社区为本的实践介入策略是反贫困社会工作深入乡村建设一线的一种可能思路。脱贫攻坚战的重点在深度贫困地区，而“后2020时代”的相对贫困问题将是流动的、全域的，需要形成反贫困社会工作的联动机制，助力城乡社区服务和改善民生。反贫困是一项长期的复杂任务，单凭政府力量或社会工作行业都是难以攻克的。因此，社会工作者不仅要广泛、深入地参与

到反贫困服务中，也要积极地推动其他社会力量协同参与。反贫困社会工作的体系建设不是单向的，而应该形成专才与通才相结合、城市和乡村协同发展、专精尖力量和一线服务岗位立体式铺设的发展路径，通过扩大社会参与和专业人才队伍建设，形成反贫困社会工作的联动机制。

三、专业契机：全面建成小康社会与社会服务需求

2020 年全面建成小康社会之后，人民群众的社会服务需求也发生了变化，对专业社会工作也提出了更高的要求，行动重点从日常反贫困服务转向返贫风险防控和发展服务。在大力构建专项扶贫、行业扶贫和社会扶贫三位一体的大扶贫格局中，社会工作积极参与贫困治理，出现了政府购买社会工作专项服务，以及各校社会工作师生对口帮扶贫困地区的专业探索，涌现了广东深圳、东莞等地对口喀什援建社工站等典型案例，为建设反贫困社会工作专业体系打下了坚实的现实基础。

随着我国全面建成小康社会，反贫困工作面临着从物质帮扶的传统模式向社会服务均等化的发展模式的转变。这一时期的贫困现象具有流动性，不再局限于农村偏远地区。社会工作要深度嵌入现行的贫困治理格局中，发挥专业优势，在城乡社会治理和社会服务新格局中占据一席之地。要实现这一目标，反贫困社会工作需要有力的专业人才支撑，也需要充分发掘当地社会资源和培育当地社会组织。贫困是人类共同面临的难题，我国实现全面建成小康社会的目标之后依然会存在相对贫困的现象，帮扶工作重点将由物质救助转向社会服务均等化和可持续发展。反贫困工作需要长期进行，需要跨区域、跨领域协作，社会工作可以在新的反贫困格局中有所作

为。反贫困社会工作在具体的服务情境中,需具备社会服务的需求评估与案主能力建设等专业素养。因此,建立与之匹配的人才队伍和职业体系,将有益于在共建共享治理格局中,成为党领导下进行社会治理创新的多方中坚力量之一。

第四节　反贫困社会工作的实践探索和本书主旨

自2006年党的十六届六中全会提出“建设宏大的社会工作人才队伍”以来,我国社会工作在十几年里获得飞速发展,反贫困社会工作领域也涌现了许多有价值的实践案例。其中,云南绿寨村、广东双百镇等地的工作模式积累了一定经验,引起了良好反响。随着乡镇(街道)社工站建设的推进,我国反贫困社会工作已迈入一个新阶段。

一、云南绿寨经验:教育界参与的反贫困社会工作

从2001年开始,香港理工大学和云南大学社会工作专业的师生选择将滇东北少数民族建制村绿寨作为项目点,探索中国农村社区发展的能力建设模式,绿寨模式成为社会工作参与扶贫的较早样本。绿寨位于云南省东北部,当时是一个徘徊在温饱线上下的贫困山村。该村在正常年景下每年有20多户人家会缺粮4到6个月。由学校师生组成的项目团队在绿寨驻扎了近7年,与村民一起实施了许多以文化和教育为主题的发展项目。他们开展了多项活动:资助失学儿童重返校园、推动村民建设沼气、建立社区文化

活动中心、设立图书馆、成立乡村文艺队、组建老年人协会、推动举办夜校扫盲班、与村民一起编写并出版村史、建立妇女手工艺小组等等①。他们举办了妇女夜校，成立绿寨教育基金管理委员会，让当地妇女参与教育基金管理委员会资助对象的遴选、资金发放和管理等。在此过程中，项目团队不仅重视农民的生计问题和具体问题的解决，而且注重草根组织的培育和社区文化的保护，试图重建村民的社区认同感和文化自觉。

云南绿寨的探索是反贫困社会工作尚未制度化的民间探索。社会工作教育界积极先行，以具体村寨为实践基地，为反贫困社会工作提供了可贵的实践经验和理论反思。然而，云南绿寨毕竟只是一个试点，项目团队投入的人力、财力都非常有限，覆盖的范围和人群也只局限于村寨之中，没有形成规模效应，难以辐射到更广的范围。反贫困社会工作要想取得更大的成效，就需要更多的社会工作者参与进来，在更多的地区展开实践。

二、广东双百计划：制度化的社会工作反贫困实践

2017 年，广东省民政厅启动了粤东西北地区"双百镇（街）社会工作服务五年计划"，简称"广东双百计划"。与云南绿寨模式相比，广东双百计划是政策性更强、覆盖范围更广、具有一定影响力的社会工作扶贫实践样本。在云南绿寨、广东双百计划的探索实践中，张和清及其团队都发挥了比较重要的作用。可以说，广东双百计划是在吸收了云南绿寨试点经验的基础上延展开来的，通过制度化的过程上升为具有一定覆盖范围的社会政策。这不

① 张和清、杨锡聪、古学斌：《优势视角下的农村社会工作——以能力建设和资产建立为核心的农村社会工作实践模式》，《社会学研究》2008 年第 6 期。

仅反映了社会工作专业性向社会政策的转化能力，也反映出政府与社会工作教育界、实务界等多元主体共同反贫困的努力。

广东双百计划针对粤东西北地区仍然普遍存在的缺社会工作人才、缺资金、缺路径等问题，希冀通过计划的实施打破全省社会工作区域发展不平衡的瓶颈，推动广东省社会工作全面发展。广东双百计划的主要内容是，建设、运营 200 个镇(街)社工站，开发近 1 000 个专业社会工作岗位，孵化 200 个志愿服务组织，培育 10 000 名志愿者。该计划为每个镇(街)配备 3 至 8 名社会工作者，增强基层社会服务力量。社会工作者立足镇(街)、深入村居，以弱势群体和困境人群为重点服务对象，与群众同吃同住同劳动，了解群众需求，链接服务资源，排除服务“最后一米”的障碍。广东双百计划运用制度化的方式为社会工作者建立了反贫困阵地，让社会工作者扎根农村社区，对于发挥反贫困社会工作的作用具有重要意义。

三、乡镇(街道)社工站：社会工作参与反贫困的新契机

除广东双百计划之外，全国各地社会工作参与反贫困的实践正在不断进行着。江西万载的农村社会工作发展模式，甘肃、西藏、湖南等地突出民族特色的社会工作扶贫模式，学者们正在热议的金融型社会工作和发展型社会工作，都不断地在实践中摸索着。然而，反贫困社会工作实践面临着一个突出的问题，即有关制度支持不足，导致反贫困社会工作实践往往是项目制的、临时性的、探索式的，缺乏制度化、常态化的参与，在乡土社会中扎根不牢，反贫困的效果难以保证。此外，反贫困社会工作实践集中于某些地区，服务的范围有限，呈现出一种地区上的非均衡性。

2020年10月，民政部在湖南长沙召开加强乡镇(街道)社会工作人才队伍建设推进会，会议提出通过建立乡镇(街道)社工站，打通为民服务"最后一米"。2021年4月20日，民政部办公厅印发的《关于加快乡镇(街道)社工站建设的通知》指出，力争到"十四五"末，实现乡镇(街道)都有社工站，村(社区)都有社会工作者提供服务的建设目标。按照时间表，全国各地要在2021年启动乡镇(街道)社工站建设，建设条件好的地方，要争取在2023年年底前完成建设任务；建设条件不完备的地方，要争取在2025年年底前完成建设任务。乡镇(街道)社工站的建设，为社会工作参与反贫困工作提供了制度路径和落地平台，保证了社会工作能扎根乡村、落到实处、发挥效果，是社会工作参与反贫困的新契机。

四、本书主旨

从为留守儿童、孤寡老人、困难家庭提供的个案服务，到致力于乡村妇女等群体能力提升的小组工作，再到立足社区，挖掘社区资源，促进社区发展的社区工作，社会工作都提供了具有启发性的反贫困方案。社会工作者一方面帮助服务对象解决目前遇到的现实问题，另一方面立足长远，着眼于受助者的个人成长和能力提升，反贫困社会工作正在发挥着专业作用，不断进入人们的视野。在政府和社会工作机构的协同努力下，反贫困治理必将取得更大的成绩。

本项目团队由社会学、社会工作、社会保障专业的师生组成。几年来，团队成员多次奔赴贵州各地，深入反贫困工作第一线进行调研，撰写了多篇反贫困相关论文。本书将多篇论文编辑成册，运用结构—文化视角、内生动力视角、赋权视角、全人视角、系统视角等理论考察了项目扶贫、组织化扶贫、产业扶贫、健康扶贫、易地扶贫等不同领域的反贫困实践，进行了总结和反思，又对日后反贫困社会工作发展方向进行了展望，以期为反贫困工作提供有益借鉴。

第二章　反贫困社会工作理论的知识生产与本土建构

从1994年4月国务院颁布《国家八七扶贫攻坚计划（1994—2000年）》以来，我国的减贫成就举世瞩目。随着贫困的主要类型从普遍性贫困逐渐转向深度贫困和多维贫困，我国的扶贫方式也从主要依靠政府力量过渡到动员全社会资源参与扶贫事业。2018年发布的《中共中央 国务院关于打赢脱贫攻坚战三年行动的指导意见》《乡村振兴战略规划（2018—2022年）》为社会工作专业力量参与精准扶贫、乡村振兴提供了政策依据与基本要求。在此时代背景和现实需求下，本章重点回顾反贫困社会工作的理论脉络与知识谱系，为我国社会工作参与反贫困工作提供理论参考与实践指导。

第一节　反贫困社会工作理论的研究进路

贫困问题始终是一个困扰人类社会进步和文明发展的重大问题。各个学科的专家学者都试图从不同角度对反贫困实践给出实操范式。反贫困社会工作理论的研究重点是在不断的实践与服务中逐步发生变化的，从帮助贫困者摆脱个体困境到强调弱势群体的底层叙事，再到追寻完整的“从摇篮到坟墓”的社会福利体系，以实现全社会的共同富裕。

一、反贫困社会工作的底层叙事视角

随着我国反贫困实践的持续开展，对贫困成因与扶贫策略的理论探讨也逐渐发生了新的变化，例如从个体归因到问责社会等。传统的贫困文化论等理论认为，贫困是由贫困人口的个人能力不足、资源匮乏所引起的。比如，1989年欧洲经济共同体委员会在《向贫困开战的共同体特别行动计划的中期报告》中将贫困定义为：“贫困应该被理解为个人、家庭和人的群体的资源（物质的、文化的和社会的）如此有限，以致他们被排除在他们所在的成员国可以接受的最低限度生活方式之外。”又如，阿马蒂亚·森在《贫困与饥荒》一书中强调了贫困人口缺少必需的资源导致生活水平低于社会总体水平的观点，这种匮乏广义上包括物质生活的短缺、精神文化的匮乏和面临风险时的脆弱性。2019年，诺贝尔经济学奖获得者阿比吉特·班纳吉（Abigit Banerjee）和埃斯特·迪弗洛（Esther Duflo）指出，诸如信息接收渠道受限、风险承受能力低等因素让穷人难以摆脱贫困。①

因此，在这样的理论假设前提下，许多学者探讨反贫困的实践也带有一定的“居高临下”视角，重在探讨如何借助外部资源和力量去改善贫困人口生活、发展贫困地区，包括针对贫困人口的技能培训和知识教育较多从“不

---

① 阿比吉特·班纳吉、埃斯特·迪弗洛：《贫穷的本质：我们为什么摆脱不了贫穷》，景芳译，中信出版社，2013，第62页。

贫困的人”的外来者视角去切入，这也使得历史上多次反贫困实践最终不能持续下去。比如，曾获诺贝尔奖的“尤努斯式”小额贷款银行的初衷是，提供资金，让穷人能够获取生产资料去自发改善生活。但随着小额贷款的利息逐渐呈高额趋势，借贷者因不堪债务而自杀等案件时有发生，加上其他种种复杂原因，纯市场化的“穷人银行”未能成为发展中国家普遍采用的脱贫模式。又如，1965 年美国推行“向贫穷宣战”（War on Poverty），政府通过社区行动来推动民众的公共参与，提倡贫困人口的自助和互助。美国人口普查局数据显示，美国的贫困率从 1965 年的 22.5%下降到 2020 年的 11.4%。但由于扶贫政策不清晰、社会冲突进一步凸显等问题，轰轰烈烈的反贫困运动逐渐消停，因而到 2020 年美国依然有 3 720 万贫困人口。

近年来学术界对反贫困政策的主体性反思以及对扶贫行动中贫困对象的主体性缺失等现象关注颇多，反贫困社会工作的底层叙事视角逐渐浮现。越来越多的专家学者意识到，贫困人口才是反贫困的最重要主体，政府、第三方力量的推动最终需要贫困人口自身的主体意识觉醒和强烈的脱贫动机才能获得持续性效果。2016 年，习近平总书记提出，各级党委和政府要在扶贫工作中“扶贫先扶志、扶贫必扶智”，积极应对“输血式扶贫大开发”中后继乏力的问题，强调贫困地区和贫困人口的“自我造血能力”，这是扶贫理论的新发展。王春光认为，我国农村发展和减贫效果显著的原因，除了国家主体性作用发挥以外，更在于“真正激活了几千年积淀下来的传统社会文化活力”[①]。反贫困研究中扶贫对象主体浮现，也使得学界更加关注到少数族群

① 王春光：《从农村发展和减贫看中国社会发展中的社会文化主体性》，《当代中国史研究》2020 年第 1 期。

的利益和表达。农民和贫困人口作为扶贫对象的主体，逐渐得到官方和主流学者的重视。① 同时，“三区三州”②深度贫困地区、民族贫困地区、妇女儿童等特定贫困群体的贫困问题③④⑤也得到不少关注，越来越多的专家学者从特定区域或特殊群体的独特需求出发去展开反贫困策略研究，使得扶贫对策更加精准化和有针对性。

二、反贫困社会工作的实践理路

如何响应国家精准脱贫战略，并将其嵌入现行的扶贫体系中，在脱贫攻坚战中发挥社会工作的专业功能，是一项重要的现实课题。脱贫攻坚前线也是各大高校社会工作专业师生与社会工作服务机构进行专业实践的重要战场。其中，反贫困社会工作专业委员会于 2018 年成立，推动了我国社会工作教育对口扶贫计划的开展。截至 2020 年，全国共有 210 家高校的教学科研机构以实际行动参与脱贫攻坚工作，成为脱贫攻坚和贫困治理的重要力量。

目前，关于社会工作参与脱贫攻坚战的研究主要从以下几个方面展开。

① 陆汉文、杨永伟：《发展视角下的个体主体性和组织主体性：精准脱贫的重要议题》，《学习与探索》2017 年第 3 期。

② “三区三州”的“三区”是指西藏自治区和青海、四川、甘肃、云南四省藏区及南疆的和田地区、阿克苏地区、喀什地区、克孜勒苏柯尔克孜自治州四地区；“三州”是指四川凉山州、云南怒江州、甘肃临夏州。“三区三州”是国家层面的深度贫困地区。

③ 郑长德：《“三区”“三州”深度贫困地区脱贫奔康与可持续发展研究》，《民族学刊》2017 年第 6 期。

④ 王建民：《扶贫开发与少数民族文化——以少数民族主体性讨论为核心》，《民族研究》2012 年第 3 期。

⑤ 苏海：《中国农村贫困女性的减贫历程与经验反思》，《云南社会科学》2019 年第 6 期。

一是从发挥社会工作专业优势的角度出发，梳理反贫困社会工作的功能定位与实践模式。学者们提出，新时代社会工作参与贫困治理要结合社会建设和社会治理创新，并厘清角色定位，也有一些学者提出了发展型社会工作的反贫困视角①②。

二是从反贫困社会工作的内容维度出发，梳理社会工作在反贫困治理中的基本任务和重点领域。2017 年，《民政部 财政部 国务院扶贫办关于支持社会工作专业力量参与脱贫攻坚的指导意见》的出台为社会工作专业力量参与反贫困实践提供了制度空间。在 2018 年中国社会工作教育扶贫年会暨精准扶贫与社会工作研讨会上，关信平对社会工作参与反贫困工作进行了专业解读，提出社会工作参与脱贫攻坚的基本任务是：优化需求评估；加强贫困者能力建设；增进贫困者心理健康、调适社会关系和促进社会融入。在社会工作教育对口扶贫方面，2019 年 6 月新时代社会工作理论发展与创新论坛在南昌举行。会上，顾东辉认为，社会工作教育界可以从知识输出、协助增能和政策倡导三个维度发挥作用；张和清则提出，部分地区的院校可开设与“减贫社会工作”相关的系统性课程，建立“实务教学、行动研究和扶贫济困三位一体的社会工作实训基地”。

三是结合发展城乡社会服务体系、加强和创新社会治理的时代任务，探索反贫困社会工作的前进方向与优化路径。有学者尝试建构反贫困社会工

① 李迎生、徐向文：《发展型福利视野下中国反贫困社会政策的改革创新——基于一个本土化分析框架》，《社会科学》2018 年第 2 期。

② 向德平、程玲：《发展性社会工作的脉络、特点及其在反贫困中的运用》，《西北师大学报(社会科学版)》2019 年第 2 期。

作的理论框架与实现路径①②，强调反贫困社会工作的关键在于培育和发展专业性的扶贫工作社会组织和专业扶贫工作队伍，形成社会工作介入与目前已有精准扶贫体制机制的对接③。王思斌提出，贫困群体经济—社会韧性的建构应该成为后脱贫攻坚中反贫困行动的重要内容，反贫困政策实施者和社会工作者在其中应发挥重要作用④。

三、“后2020时代”的脱贫成果巩固

2020年是决胜全面建成小康社会、决战脱贫攻坚之年。国务院扶贫办公布的数据显示，全国832个国家级贫困县已经全部脱贫摘帽，剩余的贫困人口正在履行退出程序。因此，2020年之后如何确保不返贫致贫，如何在持续减贫的基础上改善民生，是摆在我们面前的一个亟待解决的方向性问题。同时，建立专业社会工作参与脱贫成果巩固与乡村振兴的长效机制，也是题中应有之义。

首先是聚焦目前脱贫攻坚战与大扶贫格局研究。习近平总书记于2013年首次提出了精准扶贫的战略思想，党的十九大报告又将打赢脱贫攻坚战作为国家重要战略之一。目前我国关于反贫困的研究主要聚焦于脱贫攻坚战的历时性梳理、大扶贫格局的共时性表征等方面，脱贫攻坚战研究主要聚

---

① 陈涛、周王瑜：《反贫困社会工作的理论向度》，《社会工作》2020年第6期。
② 向德平、罗珍珍：《反贫困社会工作的发展：专业取向、价值意蕴与实践进路》，《社会工作》2020年第6期。
③ 陆益龙：《乡村振兴中精准扶贫的长效机制》，《甘肃社会科学》2018年第4期。
④ 王思斌：《后脱贫攻坚中贫困群体经济-社会韧性的建构》，《重庆工商大学学报(社会科学版)》2020年第1期。

焦于以下三个方面：一是梳理了我国反贫困研究的历史演进脉络和阶段性特征①②。二是展现了我国各地反贫困实践的治理结构和政策转向③④。三是提供了我国打赢脱贫攻坚战的路径选择和可持续战略⑤⑥。

其次是对接乡村振兴战略和城乡一体化进程，致力于持续减贫研究。一是研究精准脱贫的政策转向。如卫小将提出的“生活政治”治理，应当转向关注贫困者的日常生活世界，重塑家庭和社区的共同体责任。⑦ 也有学者认为，构建新的扶贫框架，应从以下方面入手：推进农村减贫向城乡减贫一体化发展、加强扶贫政策与救助政策的衔接、提升贫困人口突发风险应对能力、关注贫困人口的教育和健康等。⑧ 张翼指出，在中国扶贫战略转型为以相对贫困为基础考虑顶层设计时，可将绝对贫困融入相对贫困，用社会政策托底，精准治理绝对贫困，以机制建设为主治理相对贫困。⑨ 二是研究精准脱贫与乡村振兴战略的有效衔接，巩固脱贫效果。有学者提出，减贫的目标从绝对贫困转变为相对贫困，减贫的区域从单纯的农村减贫转向城乡统筹，

① 魏后凯、邬晓霞：《中国的反贫困政策：评价与展望》，《上海行政学院学报》2009 年第 2 期。

② 黄承伟、刘欣：《“十二五”时期我国反贫困理论研究述评》，《云南民族大学学报(哲学社会科学版)》2016 年第 2 期。

③ 马凤芝、开源：《中国农村扶贫开发的政策转向及其挑战——以四川省马边彝族自治县为例》，《西北农林科技大学学报(社会科学版)》2017 年第 6 期。

④ 莫光辉：《精准扶贫：中国扶贫开发模式的内生变革与治理突破》，《中国特色社会主义研究》2016 年第 2 期。

⑤ 王春光：《贵州省脱贫攻坚及可持续发展研究》，《贵州民族大学学报(哲学社会科学版)》2018 年第 3 期。

⑥ 李小云、苑军军、于乐荣：《论 2020 后农村减贫战略与政策：从“扶贫”向“防贫”的转变》，《农业经济问题》2020 年第 2 期。

⑦ 卫小将：《“生活政治”治理：精准扶贫工作新转向》，《江海学刊》2020 年第 4 期。

⑧ 曾静：《我国扶贫政策回顾及 2020 年后转向分析》，《新疆农垦经济》2020 年第 5 期。

⑨ 张翼：《当前中国精准扶贫工作存在的主要问题及改进措施》，《国际经济评论》2016 年第 6 期。

并在此基础上从精准扶贫转向全面的乡村振兴。① 三是重点聚焦相对贫困群体，推动建立返贫监测和帮扶机制，实现贫困人口动态清零。2020 年后贫困标准调整是相对贫困治理研究中的重要议题。②③ 有学者提出，“后 2020 时代”的扶贫战略应推动反贫困政策和实践走向城乡一体化，通过实行精准滴灌式扶贫政策来帮助特殊贫困人口走出特殊困境，通过城乡一体化扶贫体系解决扶贫工作中的“真空地带”问题。④

第二节　反贫困社会工作理论的话语体系

城市贫民慈善救助是社会工作最初的服务起点。长期以来，反贫困问题在社会工作中一直受到重点关注。我国反贫困社会工作发展至今，已不再局限于针对贫困人口个体的微观服务，而是在政策层面和社会行动层面发展出独具特色的知识理论体系。在政策层面，反贫困社会工作成为社会服务体系、乡村振兴战略和城乡一体化发展格局中的重要参与力量。在社会行动层面，有关组织通过“牵手行动”和社会工作教育对口扶贫等活动，积极探索反贫困社会工作的实现路径。可以说，反贫困社会工作理论话语体系的建构和发展是在政策推动、行动探索中逐渐得以实现的。

---

① 王晓毅：《2020 精准扶贫的三大任务与三个转变》，《人民论坛》2020 年第 2 期。
② 宁亚芳：《2020 年后贫困标准调整的逻辑与构想》，《中州学刊》2020 年第 7 期。
③ 王建英、毕洁颖：《贫困应用研究进展的述评与展望——基于贫困测量方法的视角》，《农业现代化研究》2020 年第 1 期。
④ 汪三贵、曾小溪：《后 2020 贫困问题初探》，《河海大学学报(哲学社会科学版)》2018 年第 2 期。

一、制度建设与扶贫政策嵌入

在政策层面特别是中央政策层面，寻找社会工作介入现有反贫困服务体系的空间，探索社会工作参与反贫困实践的制度合法性是反贫困社会工作理论的宏观发展取向。国家于2006年提出“建设一支宏大的专业社会工作者队伍”之后，陆续出台了一系列促进社会工作专业和职业发展的政策文件，明确要求社会工作在精准扶贫、乡村振兴战略和城乡社区治理等多个领域中积极参与。从这一系列文件的发布脉络中可以看出，社会工作在国家社会服务体系中有越来越多的发挥空间。

许多学者结合国家政策发布和社会改革去探索反贫困社会工作与现行社会服务体系的结合路径，在体制“嵌合”中发挥专业作用。在中国社会工作教育协会反贫困社会工作专业委员会2019年年会上，关信平认为社会工作介入农村反贫困工作的切入点主要是提升农村贫困群众的能力，其中包括人力资本建设与社会资本建设。向德平认为，社会工作参与脱贫攻坚的服务内容主要表现在参与贫困群众救助帮扶、参与贫困群众脱贫能力建设、促进易地搬迁贫困群众融合适应、参与贫困地区留守儿童关爱保护、针对其他特殊困难人群开展关爱服务等五个方面。2019年6月28日，民政部举行社会组织参与脱贫攻坚工作专题新闻发布会，民政部社会组织管理局（社会工作司）副局长黄茹提出，社会工作参与脱贫攻坚，有助于推动纯经济式扶贫向综合性扶贫发展，由输血式扶贫向造血式扶贫转变，有助于推进物质帮扶与精神关爱的同步介入，为贫困治理注入新的活力。比如，以发挥专业优势精准扶贫为例，社会组织将社会工作运用到需求评估中，便于全面掌握贫困对象个人及其家庭基本情况，深度分析贫困现象背后复杂的经济社会原因，综合评估个人及其家庭的潜在能力，系统考量可利用的社会支持环境，提出个性化、差别化脱贫方案，达到精准施策的目标。

探索专业社会工作在反贫困实践中的独特作用，以支持现行反贫困实践，也是研究的一个重要方面。一是强调了社会工作者在反贫困实践中对扶贫对象开展心理服务、家庭服务等，以增强服务对象的主体意识和获得感。①② 传统扶贫模式更多关注经济领域、产业发展和物质层面，很少顾及贫困地区群众的心理、社会服务需求，而社会工作者可以为贫困群众提供心理疏导、精神关爱、关系调适、能力提升等服务。二是社会工作者还是外部资源的链接者。他们可以带动更多的志愿者参与反贫困实践，引发关注，从而带来发展的点子、技术、人才、市场和资金等，促进贫困群众的可持续发展。③ 三是社会工作者能够在生态文明和乡村建设方面促进改变。④ 社会工作者参与乡村振兴，在农村社会生态和生活环境问题等方面可以发挥倡导功能，保护生态环境，完善农村社会组织，实施教育扶贫，助力乡村文化振兴，培育乡村振兴人才。⑤

---

① 童敏、吴宝红：《风险中的能力：脱贫攻坚社会工作的实践与反思》，《中国社会工作研究》2019 年第 1 期。

② 谢治菊、刘峰：《论贫困户的心理依赖及社会工作介入》，《学术研究》2020 年第 6 期。

③ 李文祥、郑树柏：《社会工作介入与农村扶贫模式创新——基于中国村寨扶贫实践的研究》，《社会科学战线》2013 年第 4 期。

④ 岳天明、俞博文：《社会工作介入贫困农村社区建设研究——以“D 村社区发展与健康教育”项目为例》，《社会建设》2018 年第 5 期。

⑤ 周爱萍、姚明月：《社会工作参与乡村振兴的机制与路径研究》，《云南民族大学学报（哲学社会科学版）》2020 年第 6 期。

二、学术关怀与扶贫实践参与

在社会行动方面，特别是对接国家战略，积极参与直接扶贫服务，呈现服务成效是社会工作参与反贫困实践的合理性基础。目前来看，以民政部牵头的社会工作服务机构“牵手计划”和社会工作教育对口扶贫计划是社会工作专业力量参与社会扶贫的主要抓手，另外其他零星社会服务计划也在实施着。因此，基于一线服务实践总结的反贫困社会工作理论也在不断产生着。

首先，在大扶贫格局研究中，目前反贫困社会工作研究主要聚焦在东西部扶贫协作和对口支援的协作机制、实践成效、重要领域和制度创新等方面。学者们提出要从对口合作向区域合作和协作发展①②，大扶贫格局中要发挥专业社会组织尤其是专业社会工作机构的作用。③ 以上海市为例，它是新时代东西部扶贫协作和对口支援工作的标杆。自 1996 年开展对口帮扶工作以来，上海市承担着对口支援和扶贫协作西部 7 省 19 州市 98 县的重任。2017 年，上海市召开东西部扶贫协作、对口支援和区域合作研讨会，确保到 2020 年坚决完成帮助对口地区 400 万贫困人口脱贫的任务。

民政部自 2017 年开始组织专业社会工作服务机构对口服务贫困地区和贫困人口。三年（2017—2020 年）内，从社会工作先发地区遴选 300 家社会

① 黄承伟：《东西部扶贫协作的实践与成效》，《改革》2017 年第 8 期。
② 方珂、蒋卓余：《东西协作扶贫的制度特点与关键问题》，《学习与实践》2018 年第 10 期。
③ 邹新艳、徐家良：《基于整体性治理视域的社会组织集成攻坚扶贫模式研究》，《行政论坛》2018 年第 5 期。

工作服务机构一对一牵手帮扶贫困地区（包括国家扶贫开发工作重点县、集中连片特困地区覆盖县和国家深度贫困地区覆盖县），培育发展300家社会工作服务机构，培养1 000名社会工作专业人才，支持贫困地区为特殊困难群众提供300个社会工作服务项目，完善社会工作服务制度，提高社会工作服务水平，推动社会工作通过发挥专业优势，为打赢脱贫攻坚战贡献自己的力量。实现“牵手计划”描绘的改善社会工作区域发展不平衡、东西部协同发展愿景的行动仍将继续。

其次，在社会工作教育对口扶贫工作中，更多学者聚焦于具体的服务场景展开行动研究，验证社会工作服务反贫困的实际功能。2017年，在《民政部 财政部 国务院扶贫办关于支持社会工作专业力量参与脱贫攻坚的指导意见》的推动下，社会工作教育对口扶贫工作正在逐步走向深入，以专业力量推动“三区三州”等贫困地区经济社会发展。社会工作专业院校作为社会力量参与、支持、帮助贫困地区培养社会工作专业人才，要发挥社会工作教育在培养社会工作人才上的优势，促进和更好发挥社会工作在助力脱贫攻坚中的重要作用。① 不少学者运用一个个生动的案例来说明社会工作教育助力脱贫攻坚的成效。例如，通过一个“社会工作参与精准扶贫”的项目评估案例②，结合社会工作机构及社会工作者的综合表现，剖析地方政府在精准扶贫中如何评估社会工作的参与效益，笔者据此提出在社会工作机构开展精准扶贫项目过程中出现的“情境脱嵌”会形成现实中专业想象、实际操

① 马凤芝：《发挥社会工作教育优势助力脱贫攻坚》，《中国社会工作》2020年第19期。

② 任文启：《情境脱嵌、现实张力与实践更新：社会工作参与精准扶贫的个案观察》，《社会治理》2020年第9期。

作和制度目标之间的张力。另一个典型案例①是以环境保护为切入点，对反贫困社会工作介入华南一个村庄的过程进行深入研究，分析了农村贫困与环境退化的相互作用机制，并借助绿色社会工作的理论视角，探寻社会工作推进绿色减贫实践的策略。这种策略在于以合作生产的方式发展可持续生计，构建绿色消费网络，促进城乡公平贸易，以及采取社区为本取向寻求微观层面与宏观层面的双向改变。

第三节 反贫困社会工作理论的知识图谱

专业社会工作在不断地参与反贫困的实践中发展了自己的理论视角，并在融合社会学等相关学科专业知识的基础上，逐渐形成了较为完整的知识图谱：从本体论角度看，社会工作将贫困置于社会结构视角与文化视角下进行解读；从认识论角度看，社会工作通过生态系统理论和叙事视角来认识贫困问题；从价值论角度看，社会工作秉持社会资本理论与全人视角；从方法论角度看，社会工作通过赋权增能视角和优势视角助力贫困人群脱贫。

一、本体论：社会结构视角和文化视角

在反贫困社会工作理论中，对贫困问题的溯源，主要聚焦到社会结构视角和文化视角上。这两个视角也为反贫困社会工作实践提供了理论指导。

① 尚静、张和清：《贫困、环境退化与绿色减贫——一个华南村庄的社会工作实践案例研究》，《开放时代》2020年第6期。

反贫困社会工作的社会结构视角是从两种相互对立的视角角力中发展而来的。一种视角认为，个人的贫困是由个人的懒惰、浪费等道德问题引起的，懒惰不仅是个人道德的缺陷，也是对社会整体利益的侵犯。[①] 另一种视角认为，贫困背后的真正问题在于不公正的社会结构。早在社会工作萌芽时期的睦邻组织运动中，当时的社会工作者就以"个人贫困是一种结构性的贫困"为干预服务的基本理念。工业生产方式导致了不平等的收入结构，继而形成了等级化的社会结构。此种社会结构又形成了具有倾向性的社会政策，以及不平等的性别制度、法律制度，进而结构性地造成了个人的贫困及其他问题。[②] 从贫困问题的个人成因出发，扶贫工作是对穷人道德上的指责，最多的是一种道德上的怜悯。从社会结构视角出发，扶贫工作是为了帮助在社会结构中处于劣势地位的人群摆脱弱势地位，是社会公正的体现。在我国，贫困问题同样具有明显的社会结构性。在时间上，有"让一部分人先富起来""先富带动后富"的时间差导致的相对贫困；在空间上，有城乡二元结构、地区发展差异导致的相对贫困。这些贫困问题并不是个体的道德原因导致的，仅凭个人的努力也很难突破结构的限制。社会工作既注重个体层面的帮助，也注重社会结构的改善，强调"个人与社会的双重聚焦"[③]，"积极而非激进"地推动社会变革[④]。反贫困社会工作的社会结构视角能够帮我们移除贫困者身上的道德污名，以社会公正为标尺，帮助贫困者改善

① Todd Margo, *Christian Humanism and the Puritan Social Order* (Cambridge: Cambridge University Press, 1987), pp. 122—138.

② 卢成仁：《社会工作的源起与基督教公益慈善——以方法和视角的形成为中心》，《华东理工大学学报(社会科学版)》2013 年第 1 期。

③ 何雪松：《社会工作学：何以可能？何以可为？》，《学海》2015 年第 3 期。

④ 何雪松：《积极而非激进：宏观社会工作的中国图景》，《学海》2020 年第 1 期。

结构上的不平等状态。在“后2020时代”，反贫困社会工作的社会结构视角在扶贫中将会更加重要。

反贫困社会工作的文化视角最早可以追溯到奥斯卡·刘易斯（Oscar Lewis）提出的贫困文化概念。他认为，贫困文化是穷人所共享的一种有别于主流文化的生活方式。贫困文化一旦形成，就倾向于永恒，棚户区的孩子在六七岁时就接受了贫困亚文化的基本态度和价值观念，导致了贫困的代际传递。减少物质贫困本质上不可能减少贫困文化——它是一种完整的生活方式。早期的贫困文化解释隐含着对贫困者的道德批判，容易让他们处于道德上的不利地位，更严重的是贫困文化视角可能形成污名化效应，为受助者贴上“穷人”的标签。外来的扶贫者很容易将自己的价值观强加在受助者身上，形成文化上的压迫，损害当地的文化自信，带来长久的危害。社会工作者尊重扶贫对象的文化传统，尊重他们在长期的经济社会生活中形成的信仰、生活伦理和基本规范，强调文化敏感性，包括对扶贫对象的族群文化敏感、社会性别敏感和生活文化敏感等。① 社会工作者从当地文化的角度理解贫困问题，而非以外来者的身份对当地人作出生活上的评判，拒绝将金钱至上、消费主义等资本主义价值观当作“普世价值”观念，努力在不同文化的脉络下提供适合当地民众的服务。② 地方文化、民族文化不一定是贫困和落后的象征，相反可能是帮助当地人改善境况、摆脱贫困的重要资源。

① 王思斌：《精准扶贫的社会工作参与——兼论实践型精准扶贫》，《社会工作》2016年第3期。

② 古学斌、张和清、杨锡聪：《专业限制与文化识盲：农村社会工作实践中的文化问题》，《社会学研究》2007年第6期。

二、认识论：生态系统理论和叙事视角

生态系统理论和叙事视角构成了反贫困社会工作理论的认识论基础。前者提供了反贫困社会工作的环境框架，从人与情境互动的角度看待贫困现象；后者则充分调动了贫困者本身的底层叙事逻辑和改变现状的内生动力。

首先，生态系统理论将贫困个体或家庭的问题与其所处的社会经济环境和文化族群相联系，使看待贫困的视角变得更加动态化和具有链接性。当人们丧失有关社会关系或没有能力调动关系来满足自己的基本需求时，便会陷入贫困之中。[①] 社会工作历来重视服务对象的社会关系，认识到个体处于生态系统中，即所谓“人在情境中”。平卡斯（Pincus）和米纳汉（Minahan）认为，有三种系统，即家庭、朋友、同事等非正式系统，社会组织、商会等正式系统，医院、学校等社会系统，可以帮助人们。当人们无法有效使用这些系统时，就有可能导致贫困。而社会工作的任务就是协助人们修正人与系统的关系，调动生态系统中的潜在资源。个体的生态系统中蕴含着社会资本。社会资本是从社会网络中获取的，不仅指环境中的资本存量，也强调个人获取资源的能力。[②] 以往的反贫困工作经常将贫困者孤立看待，忽视了其与周围社会环境的关系。运用生态系统理论，可以帮助我们将眼光扩展到个体之外，看到其所在的生态系统——因为贫困者往往缺少由生态系统提供的渠道和信息去获得足够的资源。

---

① 郑志龙：《社会资本与政府反贫困治理策略》，《中国人民大学学报》2007 年第 6 期。
② 卓彩琴：《生态系统理论在社会工作领域的发展脉络及展望》，《江海学刊》2013 年第 3 期。

其次，叙事视角为社会工作提供了反贫困实践的主体视角和底层话语逻辑，在解决贫困问题上突出了受助者的主观意愿和自我变革的潜在能力。我们应该如何认识贫困？从建构主义角度来看，世界上并无既定事实，事实不过是话语的建构。[①] 由此看来，贫困也可以看作一种叙事的建构，它涉及宏观层面社会文化的叙事，中观层面经济的、政策的叙事，微观层面个体的叙事。叙事必然涉及叙事主体，同一事实总是存在多个叙事主体。立场、价值观不同使得不同主体对同一事实的叙事也会存在差异[②]。人们对贫困的认识也并不统一。例如，某个体或某群体的状况在主流社会文化看来属于贫困状态，但此个体或群体并未意识到或不认可自己处于贫困之中。如果根据社会文化将此个体或群体认定为贫困，无异于将社会文化所主张的贫困强加给了此个体或群体。某些民族地区存在着这种将外来意识强加给当地居民的事例，一些当地居民被贴上了“贫困”的标签，但他们却并不认为自己处于贫困之中。当然，还存在一种相反的情况，即社会文化不认为某个体或群体属于贫困范畴，但此个体或群体却自我感知处于贫困之中。这可能源自社会对某个体或群体缺乏关注，未能及时帮助他们解决所面临的诸多问题，从而使他们产生相对匮乏的感受与认知。

叙事治疗是一种基于社会建构论而发展出来的社会工作实践模式。[③] 在叙事成为一种社会工作实践的新范式之前，其有别于传统实证取向的社

① 许放明：《社会建构主义：渊源、理论与意义》，《上海交通大学学报(哲学社会科学版)》2006年第3期。

② 詹姆斯·费伦、王安：《竞争中的叙事：叙事转向中的又一转向》，《江西社会科学》2008年第8期。

③ 何雪松：《叙事治疗：社会工作实践的新范式》，《华东理工大学学报(社会科学版)》2006年第3期。

会工作理论，更围绕着叙事本身来建构受助者的知识框架和能力体系，将其贫困处境化解为一个个串联起来的生活故事，从中寻求改变的可能。这种视角的引入，避免了原来输血式扶贫的水土不服，更加尊重贫困地区群众原有的风俗文化和生活习性；同时，贫困者通过不断地叙事，发掘其“未表达出的话”或“未意识到的故事”，可以书写新的历史。从叙事视角出发，社会工作者在扶贫工作中应注意以下两点。一是体察到叙事的多元性，尊重当地文化，倾听当地居民和当地文化是如何进行贫困叙事的，避免简单地将贫困的刻板印象套用在当地居民身上。由此，我们才能避免贫困的标签化，才能着眼于当地居民和当地文化的优势来助力贫困问题的解决。二是关注贫困叙事的个性化，将个体叙事置于中心，尊重个体叙事的权利，关注到发展不平衡不充分的角落，体察个体所处的贫困处境。贫困不仅是经济上的贫困，还存在社会资本、文化等多维度的贫困。贫困处境具有动态性，并不是一成不变的。即使是人们印象中经济和社会地位较高的群体，也可能在某些时刻面临不同维度的贫困问题。叙事视角能更好地帮助我们认识贫困的相对性和个性化，避免直接根据单一标准将某些群体排除在服务对象之外。

三、价值论：社会资本理论和全人视角

社会资本理论和全人视角构成了反贫困社会工作理论的价值论基础。一是看待贫困者本身，从缺乏视角转向资源取向；二是对贫困者的救助，从经济援助的单一维度发展为促进人的全面发展的全人视角。

在以往的扶贫实践中，贫困者的经济维度是经常被讨论的，即认为贫困

者的首要问题在于经济困难。联合国开发计划署在《1997 年人类发展报告》中提出“人文贫困”(human poverty)之后，人们对贫困的认识由单一的经济维度逐渐拓展到了文化、环境、可行能力等维度。甚至还有学者提出了边缘性贫困的概念，去阐释因缺乏在社会结构中的组织、信任、参与、声望等社会资源而遭受社会排斥，处于社会边缘的贫困状态。① 只关注贫困者的经济维度，在某种程度上是对人的片面化甚至是矮化的理解。因此，在反贫困工作中，当绝对贫困转向相对贫困，贫困者物质上的基本需求得到满足后，贫困者的进一步成长和发展就需要更多的社会资源助力。

贫困人口的社会联系少且活动范围集中在居住地附近，仅仅依靠政府的输血式扶贫并不足以完全激发贫困人口的内在脱贫动力。而社会资本理论视角下的脱贫任务从关注贫困人口个体及其家庭逐渐拓展到其所在的社会结构和社会网络的构建上，社会工作等社会力量的介入，促进了社区、群体层面的自助与互助。有学者认为，社会工作参与社会资本再生产，可以修复并强化村庄内外的社会支持网络。② 社会工作者能够帮助贫困者链接社会资源，强化社会关系网络，积累社会资本，增强个体从生态系统中获取资源的能力，特别是从“制度化的关系网络”中获取“嵌在社会结构中的资源”能力。所谓增加贫困地区及贫困人群的社会资本，即增强其在更广泛的社会结构中动员更多社会资源的能力。③ 如最基本的，我们鼓励贫困户扩大经营规模，但是在农产品大量生产出来时，如果没有充分的销售渠道，就会给

① 王朝明：《社会资本与贫困：一个理论框架的解释》，《当代经济》2009 年第 17 期。

② 王思斌：《社会工作与乡村振兴中社会资本的协作再生产》，《社会工作》2021 年第 4 期。

③ 周长城、陈云：《贫困：一种社会资本视野的解释》，《学海》2003 年第 2 期。

农户带来更大的焦虑:“本地市场饱和了,运到外地吧,成本又高,想进商场吧,品质又达不到要求。”在此意义上,我们说的增加社会资本,不但是指增强贫困人口自身的“可行能力”,更是整合其所在社会网络的一切资源来助力发展。例如,乡村妇女小组[①]将妇女组织起来,通过手工活儿增加妇女的收入,能够增强妇女及其他村民的主体意识与经济合作能力,更加深度地参与市场经济活动与村庄集体决策,大大拓展妇女及其他村民的社会网络。社区为本的农村社会工作[②]着眼于社区发展,也是增强生态系统的方式。近年来广受学者关注的金融社会工作,通过小额信贷、微型创业、经济合作等方式协助服务对象进行资产积累[③],整合扶贫资源,优化资源配置,进而为贫困户提供组织化和制度化的支持性网络与平台,减少其获取资源所需的成本,增强其抵御风险的能力,可以更好地巩固脱贫成果。

全人视角源于健康领域,主张从多维角度理解人,例如身体的、心理的、社会的三维度结构[④],或者社会的、心理的、情绪的、生理的四维度结构[⑤],以及广为人知的身心社灵四维度结构[⑥]。“身心社灵”强调关注人身体的、心理的、社会的、灵性的多维度健康。将健康领域的全人视角移植到反贫困工作

---

① 闫红红、张和清:《优势视角下农村妇女组织与社区参与的实践探索——以广东省 M 村妇女社会工作项目为例》,《妇女研究论丛》2019 年第 2 期。

② 张和清、闫红红、尚静:《社区为本的农村社会工作实务模式探索——国内外农村社会工作研究文献的综述》,《学海》2019 年第 2 期。

③ 李青:《金融社会工作与反贫困:社会工作反贫困研究中的经济性议题》,《华东理工大学学报(社会科学版)》2018 年第 4 期。

④ 王兴起、丘亮辉:《基于全人健康视角的幸福感探讨》,《自然辩证法研究》2013 年第 2 期。

⑤ J S Greenberg, “Health and Wellness: A Conceptual Differentiation,” *Journal of School Health* 55, no. 10(1985): 403—406.

⑥ 彭翠娥、王卫红:《身心社灵四位一体全人护理模式对乳腺癌康复期患者生存质量的影响》,《中国实用护理杂志》2013 年第 32 期。

中同样适用。在反贫困工作中，社会工作者不仅要关注人的经济维度，也要关注人的身心社灵等多个维度：在身体维度，注重身体健康与公共卫生，为受助者提供健康支持，提升贫困地区医疗卫生服务的可及性、公平性以及人群的健康水平①，减少因病致贫、因病返贫现象的发生。在心理维度，移除贴在受助者身上的“穷人”标签，去除污名效应，增强其自尊心、自信心；扶贫先扶志，激发贫困者脱贫的内生动力。在社会关系维度，注重贫困者社会关系的建立，凝聚社会信任，铸就社会规范，发展民间组织，强化社会关系网络，培育公共精神，促进社会合作②，增强个体从社会网络中获取资源的能力，助力其获得社会资本。在灵性维度，关注贫困者自我实现的愿望，促进其人生价值的实现。

四、方法论：赋权增能视角和优势视角

反贫困社会工作理论不仅是剖析贫困问题的理论，更是指导开展反贫困实践的理论。在总结一系列实践经验的基础上，反贫困社会工作逐渐发展出一套基于赋权增能视角和优势视角的方法论体系，不再将贫困者仅仅作为被动接受帮助的人员。

首先，反贫困社会工作的赋权增能视角强调了贫困人口应当获取的是实现自我可持续发展的能力。该视角源于西方国家 20 世纪七八十年代的民权运动。该视角认为，个体无法摆脱社会结构的影响，因此个体问题的解决

① 程斌、朱兆芳、赵东辉等：《我国健康扶贫成效、经验与挑战》，《中国卫生经济》2021 年第 7 期。

② 袁利平、姜嘉伟：《社会资本：后扶贫时代民族地区教育扶贫的行动逻辑》，《西南民族大学学报(人文社科版)》2020 年第 6 期。

需要考虑社会结构和社会文化的影响。个体应尝试将社会结构层面的改善与自己的成长结合起来①。社会工作方法的“增权”介入能够契合贫困的主体间性关系,通过在贫困者的个体、人际关系和社会参与层面予以有效增权,使之获得经济资本、修复社会网络、改善贫困惯习,进而突破贫困场域的关系困境,建立实践主体同场域结构间的正向互动关系,实现贫困的有效治理。② 对服务对象个体来说,赋权增能视角以提高服务对象个人对自己生活的掌控能力和行动能力为核心,通过减少和克服个人生活、社会生活中的障碍,增强个人应对生活挑战的能力。③

社会工作赋权增能视角对于反贫困的启示可以体现在个人、关系和结构三个层面。在个人层面,赋权增能视角要消除社会结构对于个人的负面影响,例如分配不公会导致贫困者经济上的贫困或心理上的不自信。在关系层面,赋权增能视角关注贫困者的社会支持网络,社会支持网络的不健全导致贫困者的自我发展受限,因而社会工作者要搭建交流平台,引导贫困者自助互助,拓宽并强化其社会网络。在结构层面,关注社会资源分配不均等结构性问题,社会工作者和服务对象一起寻找解决办法,尝试从结构层面改善服务对象境况,并在解决问题的过程中激发和提升服务对象对生活困境进行反思和采取行动的能力,从而实现服务对象的增权。在农村社会工作中,社会工作者可以通过推动农村社区教育,开展村民调查,从个体层面进

① Judith A B Lee, *The Empowerment Approach to Social Work Practice: Building the Beloved Community* (New York: Columbia University Press, 2001), p. 34.

② 李文祥、吴征阳:《贫困治理的场域观与社会工作增权》,《江淮论坛》2018 年第 3 期。

③ 童敏:《社会工作理论: 历史环境下社会服务实践者的声音和智慧》,社会科学文献出版社,2019,第 40 页。

行增权，利用项目带动小组增权，增强农民的参与意识和表达意识，优化农民的社会资源结构，最终引导农民走向增权之路。①

其次，社会工作的优势视角反对以问题视角看待服务对象，主张将服务对象看作有潜能的人，从服务对象的优势出发。一直以来，贫困者往往被看作具有某些问题，或者缺乏某种资源，这是一种"问题"的视角，也是一种"缺乏"的视角。在这种视角下，贫困者要么被认定应该改正存在的问题——例如懒惰与赌博，要么被认为应该解决缺乏的问题，从外部给予物质支持。在这种视角下，扶贫措施都是外源性的，难以激发贫困者脱贫的内生动力。更糟糕的情况是，问题视角可能导致贫困者的自我标签化，影响其自我认同，或者导致贫困者过度依赖外部支持，形成福利依赖。因此，反贫困实践需要从问题视角转向优势视角，挖掘贫困者的优势，激发贫困者的主体性。

社会工作赋权增能视角和优势视角一脉相承，都重视服务对象自身潜能的激发。社会工作者的重点是，要立足于发现、利用案主的优势和资源②，注重案主的"能力建设和资产建立"③，实现服务对象的"自助"。其中，优势视角能够降低负面标签效应，避免扶贫对象的客体化，充分调动既有资源。④例如，在民族地区，我们可以将独特的民族文化作为优势，通过对民族文化的挖掘与弘扬，增强当地居民的文化自豪感，开发具有当地特色的旅游文化

① 聂玉梅、顾东辉：《增权理论在农村社会工作中的应用》，《理论探索》2011 年第 3 期。

② Dennis Saleebey, "The Strengths Perspective in Social Work Practice: Extensions and Cautions," *Social Work* 41, no. 3(1996): 296 - 305.

③ 张和清、杨锡聪、古学斌：《优势视角下的农村社会工作——以能力建设和资产建立为核心的农村社会工作实践模式》，《社会学研究》2008 年第 6 期。

④ 高梅书、季甜甜：《优势视角下农村精准扶贫模式创新路径探索》，《理论导刊》2018 年第 3 期。

资源。[①] 张和清等通过对云南绿寨的研究，总结了优势视角下的农村社会工作实践模式。此模式以“能力建设和资产建立”为核心，强调利用社会工作的介入手法和策略，发掘当地社区和民众所拥有的资产和能力，从而使得当地社区和民众成为农村发展的真正主体。[②]

综上所述，我们可以看到我国反贫困社会工作理论在社会工作参与脱贫工作的实践中获得了一定的话语权，形成了较为扎实的理论基础。但反贫困社会工作理论总体上仍是碎片化的，没有形成完整系统；系统内部，各要素之间的关系与边界尚未明确；与其他脱贫系统之间缺乏有效衔接。因此，在这种系统张力下，构建反贫困社会工作理论的本土化体系框架便很有必要。同时，已有理论研究和实践经验也暗含了社会工作理论体系化建设的可能性，有助于实现自上而下的制度设计、中层的社会政策制定、基层贫困治理实践落地等有机结合的框架图景。

第四节　反贫困社会工作理论的本土化与知识再生产

我国反贫困社会工作的理论发展脉络与知识谱系显示，其知识生产过程具有“上下结合”“内外融合”的显著特点：一方面，既契合制度上的顶层设

① 岳天明、李林芳：《民族村寨精准扶贫的社会工作借鉴——以甘肃文县 T 乡为例》，《中央民族大学学报(哲学社会科学版)》2017 年第 6 期。

② 张和清、杨锡聪、古学斌：《优势视角下的农村社会工作——以能力建设和资产建立为核心的农村社会工作实践模式》，《社会学研究》2008 年第 6 期。

计，又强调实务上的指导性；另一方面，既符合社会工作学科发展的惯例，又探索了适应本土要求的理论建构路径。同时，我国反贫困社会工作理论在发展中也出现了“两头大中间小”的沙漏状结构，缺乏中层理论的联结和填充。因此，本土反贫困社会工作理论需要进一步挖掘行业的内生动力，进行知识再生产，以更好地满足当下社会建设与社会治理的需求。

一、内生动力与行业自主性：反贫困社会工作的本土叙事

形成行业自主参与反贫困实践的专业氛围是反贫困社会工作精准化发展的内在动力。社会工作行业实务界积极投身到反贫困实践之中，与此同时高校社会工作专业师生也积极推动社会工作实践形成理论化成果。黄承伟指出，2020年后社会工作学术界应就全面脱贫与乡村振兴有效衔接问题，深入开展贫困基本特征、中国扶贫理论与特色减贫道路、贫困治理体系与治理能力、共享式乡村振兴等理论议题的研究。① 他表示，当前中国贫困问题的核心是农村贫困问题，中国发展的短板是农村发展。扶贫最后阶段是攻坚战，不能用简单的“成本—收益”逻辑来衡量，必须解决的是最底层人群最基本的生存权与发展权的问题，这也是中国共产党从精准扶贫到精准治国方略的治理体系建设问题。

国内反贫困社会工作服务的在地经验和社会发展的基层特征，为反贫困社会工作本土化发展提供了实践基础。我国反贫困社会工作理论的发展是与国家反贫困实践紧密相关的，是在实践中不断得到发展和验证的。我们要吸收国际减贫经验，同时也必须认识到我国减贫实践具有强政策推动性和“集中力量办大事”的强资源投入特性，特别是 2020 年全面建成小康社

① 黄承伟：《决胜脱贫攻坚的若干前沿问题》，《甘肃社会科学》2019 年第 6 期。

会之后面临的持续减贫问题，没有现成的理论可以参照，我们要通过实践来总结经验、发展指导理论。因此，我国反贫困社会工作理论发展需要主动建构自己的理论框架和话语体系。

充分发掘乡村文化与尊重各地风俗，推动扶贫工作转向更具可持续性的发展方式，从增强贫困者与社会工作者的能力入手，巩固脱贫成果，是反贫困社会工作本土化发展的核心逻辑。周飞舟提出，乡村伦理问题是与产业发展和内生动力问题都密切相关的核心问题。[①] 对于扶贫产业发展来说，乡村伦理具有双重作用，它既可能成为产业发展的障碍，也可能成为产业发展的推动力。他指出，对于内生动力问题来说，乡村家庭伦理是内生动力的根本，村庄共同体则是维系这个根本的土壤环境，因此脱贫攻坚与乡村振兴都必须抓住村庄共同体建设这一核心。冯仕政指出，当下中国社会转型与乡村变迁有多重表征，城乡市场大循环打破了乡村集市自产自销的内循环，流动导致乡村人口代谢加快、文化变迁剧烈、礼物流动的链条加长或断裂，以及商品化的社会交往导致乡村合作基础断裂等，造成了乡村社会基础的动摇与更替。[②] 但是，乡村生活依然有其自成一体的逻辑，社会建设必须因势利导，否则将会适得其反。反贫困社会工作也必须紧紧抓住这种转变的契机，发展出与下一步巩固脱贫成果工作任务相适应的工作能力，加强人才队伍建设和专业能力培养。

二、多元主体与中层理论：反贫困社会工作的知识再生产

多元主体参与，特别是一线社会工作者的积极参与，是反贫困社会工作

① 周飞舟：《产业扶贫重要的是"适应性"》，《新城乡》2019 年第 6 期。
② 冯仕政：《从国家视角看乡村治理》，《决策探索(下半月)》2016 年第 3 期。

理论知识再生产的坚实基础。参与反贫困实践的多元主体使得知识的生产和联结成为可能，政策力量、学术界和实践队伍都对反贫困社会工作理论的发展发挥了作用。本土化反贫困社会工作理论不仅在学术上有新的建构，而且结合了有关政策和实践经验进行总结。从政策角度来说，社会工作全面嵌入国家减贫工作体系和社会服务机制之中是具有本土创新性的。从学术方面来说，王思斌等学者积极从我国国情和社情出发建构适切的反贫困理论，不断建构社会工作在反贫困中的合理性和合法性。① 向德平提出了反贫困社会工作发展的实践取向，也试图从社会投资角度来建构“发展性社会工作”的概念和路径②。从实务层面来说，长期处于扶贫第一线的工作人员调动了贫困户自身能动性，催生了社会工作职场中的行业内生动力。一线社会工作者在实际反贫困工作中会形成一系列符合当时当地情境的工作思路和方法。这些内容不但是宝贵的独特经验，也构成了反贫困社会工作本土理论发展的实践性知识基础。因此，研究新时代反贫困社会工作，构建反贫困社会工作理论体系，具有梳理我国反贫困工作的本土经验和建构反贫困社会工作的本土视角的重要内涵。

建构宏观政策叙事与微观实务服务之间的联结，拓展中层理论是反贫困社会工作理论知识再生产的蓝海领域。我国反贫困社会工作理论主要是指在“政策—学术—实务”三者共同作用下建立的一系列关于社会工作如何制度性参与反贫困实践，以及反贫困社会工作如何对接国家战略、提升专业

① 王思斌：《农村反贫困的制度-能力整合模式刍议——兼论社会工作的参与作用》，《江苏社会科学》2016 年第 3 期。

② 向德平、程玲：《发展性社会工作的脉络、特点及其在反贫困中的运用》，《西北师大学报(社会科学版)》2019 年第 2 期。

服务水平的完整知识体系。目前大部分学者认可社会工作在反贫困实践中可以充分发挥专业优势，形成现有社会服务体系的补位作用，更好地服务群众。同时，大量的社会组织参与对口扶贫也为我国反贫困社会工作理论的发展提供了大量的一线服务素材与生动案例。然而在这两者之间，反贫困社会工作理论研究仍需积极探索"中间架构"，更好地联结顶层设计方案和基层实践指导。我们的优势是有强大的政策支持和制度空间，也有广泛的实践经验。但在政策与服务对接中，我们既难以对政策进行有效的推进与反馈，又缺乏对一线服务实践经验的抽象梳理与可重复推广总结。例如，在政策落地与政策效果评估等方面，我们可使用倾向值匹配方法等来验证某项具体社会政策的真正成效等。在一线服务实践上升到理论研究方面，我们可以适当采用行动研究、循证研究等方法，推动社会工作实务与学术的合作，形成更有指导性的反贫困社会工作中层理论。

本章小结

在梳理反贫困社会工作理论的发展历程和知识图谱的过程中，我们应该时刻反思，"社会工作理论本土化"中的"本土化"是指知识的本土化还是知识生产过程的本土化。首先，在反贫困社会工作理论的知识生产中，从单一权威到多元化主体的趋势十分明显，学术界不再是进行理论生产的唯一正确渠道。政府有关部门的扶贫政策和措施也为反贫困社会工作理论注入了更多的政策研究内容；反贫困工作的一线服务者也在不断形成和重构知识体系。而这些多元主体的参与既为反贫困社会工作理论的知识生产和再生产提供了智力支持和文本素材，同时也不断解构着反贫困社会工作理论的完整体系，形成碎片化的知识生产场域，具体表现在某地的反贫困实践经验难以直接移植到另一地。其次，反贫困社会工作理论的知识再生产更强调内生动力和底层叙事的力量，无论是对服务对象的主体叙事还是行业发展的内部动力，抑或是社会发展的本土路径创新，都是独特的。最后，反贫困是个多学科各行业交叉参与的综合领域，社会工作始终要在社会服务和改善民生领域中扮演不可替代的角色，在政策制定与一线服务之间形成良性的中层理论知识生产路径，才能更好地实现学科建构和理论创新。

第三章　贫困文化论与中国农村的反贫困实践*

中国的减贫政策通常是由政府主导制定和实施的。自上而下的减贫政策的制定与实施,常常与贫困人口的真实生活状况和现实需求相脱节,导致减贫政策成效甚微,甚至陷入“扶贫—脱贫—返贫”的不良循环中。学者们在批评与反思传统的减贫政策时发现,挖掘贫困人口脱贫的内生动力,变“要我脱贫”为“我要脱贫”是实现长效、根本脱贫的题中应有之义。贫困文化论作为一种分析贫困人口致贫原因的经典理论,能够在解释贫困人口如何理解自身贫困状况的基础上,发现贫困人口脱贫的内生动力。本章详述贫困文化论的理论渊源、传入中国的历史过程、解释中国农村本土贫困问题时的困境,讨论社会工作如何突破文化视角的限制介入农村的反贫困实践等内容。

---

* 本章引自:(1) 李文钢:《贫困文化论的误用与滥用》,《中国农业大学学报(社会科学版)》2018 年第 5 期;(2) 李文钢:《当代中国民族文化与经济发展的悖论逻辑》,《湖北民族大学学报(哲学社会科学版)》2020 年第 5 期。部分内容有修改和延伸。

第一节 贫困文化论的理论渊源

贫困现象是古今中外共同面临的议题。在实现经济增长和全体人民共同富裕成为民族国家的核心目标的当代，贫困现象已转变为一个需要国家专门制定政策去处理的社会问题。现代意义上的经济增长最早出现在17世纪的荷兰和英国，所以著名的经济人类学家卡尔·波兰尼(Carl Polanyi)在《大转型：我们时代的政治与经济起源》一书中才会以英国的历史为例，论述了经济增长对人类社会生活所具有的重新形塑的作用，并着重讨论为什么英国在资本主义发展之后才诞生了《济贫法》。现实中，无论是过去、现在还是将来，贫困总是与经济增长息息相关的，可谓“你中有我，我中有你”。因此，波兰尼认为：“赤贫化使人们的注意力集中于这样一个无法理解的事实，即贫穷伴随着富足一起增长。不过，这仅仅是工业社会带给现代人诸多悖论中的一个。”①只有当经济增长之后，社会出现了明显的贫富分化时，贫困现象才能引起人们的重视。在贫富差距中，贫困群体不仅会对社会稳定造成威胁，还会阻碍社会经济的进一步增长，贫困问题也会成为一个严重的社会问题。

一、结构与文化：理解贫困的两种视角

由于贫困始终是一种与人类发展进程相伴而生的社会现象，因而有关

① 卡尔·波兰尼：《大转型：我们时代的政治与经济起源》，冯钢、刘阳译，浙江人民出版社，2007，第74页。

社会发展理论也不可避免地会论及贫困现象。从理论传承的角度来看，工业革命以后产生的有关社会分化的理论形成了传统—现代、贫穷—富裕等二元对立思维方式，并讨论了在这种二元对立中实现两极过渡的可能性。例如，迪尔凯姆(Émile Durkheim)将人类社会的整合方式表述为由原始性社会的"机械团结"逐渐走向现代社会的"有机团结"。滕尼斯(Tönnies)也感叹无人情关系和个体化的社会正在吞并自主性的亲密社区。这些理论用"前与后"的模型，为发展的起点与终点赋予了不同的名称、不同的价值尺度，并把这种进化阶段压缩为非此即彼的两极。① 在这里，一个明显的主题是：当贫穷与富裕构成两极时，贫穷应该是发展的原因，富裕则成为发展的结果。在贫穷向富裕转变之后，贫穷也将自行消解。

帕森斯(Parsons)、斯梅尔塞(Smelser)、艾森斯塔德(Eisenstadt)等社会学家从社会"分化"与"整合"的角度来研究社会变迁，得出了发展就是结构分化的结论，这种分化可以用来消除发展困境，但又进一步使社会系统复杂化，带来了新的社会整合问题。以马克斯·韦伯(Max Weber)为代表的价值重塑论则认为，现代社会的发展不应只是从总体社会结构的层次来定义，而应从文化、社会个体成员的角度切入②，关注的是影响社会发展的因素并不是在结构之中，而是由人们的价值取向决定的。关于社会发展的两大理论流派，一是从结构分化的角度解释社会发展，二是从文化规范的重构方面解释社会发展。因此，结构变迁和文化变迁作为社会发展的两种表现形式，展现了社会发展的全过程，又在无形之中影响到了我们解释贫困与发展的

① 周怡：《解读社会：文化与结构的路径》，社会科学文献出版社，2004，第 117 页。

② 郑晓奋：《皖北新农村建设中文化对地区经济发展的影响》，《特区经济》2008 年第 11 期。

理论取向。

自从贫困现象被问题化以来，人们对致贫原因的理论分析存在着结构解释和文化解释两种不同的进路。结构进路的解释比较注重对经济财富的研究①，明显偏向于那些由制度或政策派生的因素，如市场机会、体面的工作、较高的收入、种族主义、结构变迁等等；文化进路的解释则关注那些主要由规范衍生的贫困者们已经习惯了的内在因素，如个人的动机、信仰、生活态度、行为特征和心理群像等。② 在这两种解释进路中，结构进路的解释将贫困问题产生的根源归咎于外在的制度、政策等方面，文化进路的解释则将贫困问题理解为贫困者自身存在的问题。

从社会结构的角度解释致贫原因，只是注意到引起贫困的某些方面的原因，而忽视了结构作为整体有着互相联系的方方面面。为什么处于同一种社会结构中具有不同文化的群体的经济状况会完全不同？于是，人们开始反思贫困本身并不只是经济现象，还是重要的文化现象。文化进路的解释认为，在同一区域和社会结构之内，不同的文化、行为特性和价值取向决定了不同群体之间存在着发展差异和对贫困的不同理解③。这种反思的依据在理论上或许出自这样的逻辑推理或假设：当社会结构变迁时，文化的变迁往往滞后于社会结构。也就是说，观念的转变落后于物质和技术的变化。这种文化上的滞后，形成一种阻力，阻碍着社会结构的

① 李文钢：《“劳动力”何以成为一种贫困观？——基于宁边村的调查研究》，《中国农业大学学报(社会科学版)》2019 年第 6 期。
② 周怡：《贫困研究：结构解释和文化解释的对垒》，《社会学研究》2002 年第 3 期。
③ 李文钢：《“劳动力”何以成为一种贫困观？——基于宁边村的调查研究》，《中国农业大学学报(社会科学版)》2019 年第 6 期。

变迁[①]。

社会学家奥格本(Ogburn)在《社会变迁——关于文化和先天的本质》一书中指出,当物质条件变化时,适应文化也要发生相应的变化,但适应文化与物质条件的变化不是同步的,而是存在着滞后现象。[②] 由相互依赖的各个部分组成的文化迅速变化,当各个部分的变化速度不一致时,就要产生问题。人的观念的变化速度总是落后于物质条件的变化,这种文化上的滞后就形成了一种无形的阻力,阻碍着社会结构的变迁。贫困作为社会经济发展过程中的一种伴生现象,同样属于制约社会经济发展的因素。那么,作为阻碍社会经济发展的一种力量的贫困现象,也会反映在原有文化对社会结构的快速变迁造成的制约方面。因此,社会科学家认为,贫困是与经济发展相伴而生的一种社会现象,对贫困现象形成原因的解释不能仅仅局限于社会结构方面,还应该从文化方面入手。

二、奥斯卡·刘易斯的贫困文化论[③]

20 世纪 60 年代,西方一批论及贫困文化的著作相继出版。其中,奥斯卡·刘易斯的《贫穷文化:墨西哥五个家庭一日生活的实录》、爱德华·班费尔德(Edward C. Banfield)的《一个落后社会的伦理基础》、迈克尔·哈林顿

---

① 郭儒鹏、王建华、罗兴奇:《从“嵌入”到“互嵌”:民族地区贫困治理研究的视角转换——基于贵州省 T 县调研》,《贵州社会科学》2019 年第 11 期。

② 威廉·费尔丁·奥格本:《社会变迁——关于文化和先天的本质》,王晓毅、陈育国译,浙江人民出版社,1989,第 108 页。

③ 这个概念是翻译而来的,在学术界存在“贫穷文化(论)”和“贫困文化(论)”混合使用的情况。在本书中,引用其他著作时尊重原著的表述,笔者自己使用时则统一使用“贫困文化(论)”。

(Michael Harrington)的《另一个美国》等著作被人们所熟知。尽管这些著作是在墨西哥、意大利和美国的田野调查的基础之上完成的，却论述了一个相同的问题：贫困文化。由于这些来自世界各地的田野调查研究提出了一个有着相同含义的问题，因而学术界对贫困问题的探讨由结构进路的解释转向了文化进路的解释。文化进路的解释相信，贫困者已经或正在发展他们自己的一整套"病态"的价值信仰系统，他们不愿意流动，不想走进上层社会。逐渐地，他们有了自己的相悖于主流社会的亚文化生活方式。① 贫困文化一旦形成，社区中的青少年在社会化的过程中就极易被这种亚文化所感染，导致贫困文化具有代际传递的能力。

从文化的角度探讨贫困问题，对中国影响最为深远的是美国人类学家奥斯卡·刘易斯出版的有关贫困研究的著作。刘易斯从1943年开始在墨西哥城对贫困家庭的每日生活状况展开研究。1958年，在哥斯达黎加举行的美洲学家代表大会上，刘易斯交流了《大杂院的文化》一文，首次提出了"贫穷文化"的概念。在长期的人类学田野调查之后，刘易斯在1959年出版了《贫穷文化：墨西哥五个家庭一日生活的实录》。在此书中，刘易斯通过对五个普通家庭一日生活状况的详细记录，精细地描述了什么是"贫穷文化"。此书利用人类学民族志的方法，非常细腻地描述了在饱受物质贫困长期困扰的这些家庭中，部分人为了应对无处不在的生活压力，形成了被动和消极的生活态度，这种生活态度被刘易斯概括为一种贫困亚文化，并简称为贫困文化。② 刘易斯的文化立场和英国文化学者雷蒙·威廉斯的立场十分相似，

① 周怡：《解读社会：文化与结构的路径》，社会科学文献出版社，2004，第160页。
② 奥斯卡·刘易斯：《贫穷文化：墨西哥五个家庭一日生活的实录》，丘延亮译，巨流图书公司，2004，第31页。

要研究文化就要看生活中的寻常事物，在可见可知可触感的领域中理解事物的内涵。

在刘易斯看来，无论贫困发生在何处，处于贫困文化里的成员在家庭结构、人际关系、消费习惯、价值体系和时间取向等方面都将显示出惊人一致性。为了进一步弄清贫困文化这个概念的内涵和外延，刘易斯在 1961 年出版了《桑切斯的孩子们：一个墨西哥家庭的自传》。在为此书写下的长篇导言中，刘易斯进行了说明[①]：

对那些认为贫穷就没有文化的人来说，“贫穷文化”这个概念仿佛是个自相矛盾的词语。这似乎也会给穷人某种自豪和炫耀。但我的初衷并非如此。在人类学中，“文化”实际上是一种生活结构，可以代代传承。在用“文化”这个概念来理解贫穷的时候，我希望引起大家注意的是，现代国家的贫穷不仅是经济上一贫如洗、无组织状态……也意味着某些积极的成分，它存在着某种结构和理据，甚至是使穷人得以生存下去的某些防卫机制。简而言之，那就是一种生活方式，相当稳固恒久，在家族内部世代传承。对家族成员来说，贫穷文化具有自身的模式，以及明显的社会和心理后果。它是影响其融入更高层次的全国性文化的重要动因，是自成一体的亚文化。

此处定义的贫穷文化并不包括因为隔离于世、技术落后、未有社会分层而形成的落后状态。这样的人们有着相对和谐、自给和自足的文化形式。……例如，相对于欠发达国家中下层人士而言，美国的工人阶级生活得如同精英阶层。“贫穷文化”这个概念仅用于指称社会经济尺度上最底层的

① 奥斯卡·刘易斯：《桑切斯的孩子们：一个墨西哥家庭的自传》，李雪顺译，上海译文出版社，2014，第 14 页。

那些人、最贫困的工人、最贫困的农民、种植园劳工，以及通常被称作破落无产者的边缘小手工业者和小生意人。

刘易斯充分意识到，贫穷从来就不是单纯的物质数量问题，可以进行任意的先验性分析，而是只会出现在充满阶级矛盾和内部不安的现代社会之中。他指出，我们可以说，有一种“贫穷人的文化”(the culture of the poor)存在，因为这种文化对其成员产生一种具备独有样式的、特殊的社会影响和心理影响。① 刘易斯要探讨的是，在现代国家中低收入阶层的心理状况，他们面对的困难、他们的想法、他们的感觉、他们担心的是什么以及他们争论、参与和喜欢的是什么。刘易斯认为，穷人的这些心理状况应当被看成穷人在面对现有社会结构时无力改变自身不利处境时产生的一种防卫心理，类似于中国人所说的“阿Q心理”。穷人对宰制阶层如警察、官员、教士的痛恨和嘲讽态度，使得“贫穷文化”具备了对现存秩序进行抗争的潜质。刘易斯将贫困文化看作现代社会中存在的一种亚文化，贫困文化这个概念所要控诉的对象是在西方社会文化情境中产生和维持贫困的资本主义体制，并不是贫困、穷人和贫困文化本身。② 这个概念可能唤醒贫困人口，使其正视：贫困并不是自身的问题造成的，而是宏观的社会结构和国家政策使他们陷入贫穷之中。

从贫困文化论的产生背景和刘易斯的多处论述来看，与其说贫困文化的存在产生了贫困现象，不如说处于社会底层的群体长期以来难以改变自身的生活状况而形成了贫困文化，作为一种生活方式的贫困文化再生产了贫困。贫困文化一旦形成便会趋于永恒，以代际传递的方式使他们的后代

① 奥斯卡·刘易斯：《贫穷文化：墨西哥五个家庭一日生活的实录》，丘延亮译，巨流图书公司，2004，第108页。

② 同上书，第74页。

也难以摆脱贫困状况。刘易斯认为,一旦穷人具有了阶级意识,或者积极组织起来,或者能够以国际化的观点看世界的时候,他们就不再有贫困文化了,尽管他们可能仍然属于从经济指标上来评价的穷人。[①] 通过对贫困文化的讨论,人们认识到,要想摆脱贫困文化的束缚,只有依靠底层群体自身的文化自觉和社会觉醒。贫困文化论被提出后,受到了美国社会的广泛关注,并影响了 20 世纪 60 年代美国解决贫困问题的具体政策措施。

一些学者认为,贫困文化事实上并不足以被称作文化,充其量只能被当成某些行为特征或者是穷人的性格特征,这是穷人适应外在社会情境的结果,并非穷人自身的错误。刘易斯的文化观受到了人类学人格学派的影响,该学派当时在学术界影响力很大。在特定的田野语境里,刘易斯力图解析穷人之所以受穷和贫穷如何塑造穷人人格的问题。他没能注意到个体的生活是如何受制于历史、文化和政治经济结构的。尽管刘易斯对造成"贫穷文化"的政治背景(如种族歧视和隔离政策)有所揭露,但其主要的研究目的在于,通过建构和运用"贫穷文化"概念来阐释穷人的人格行为和持续性贫困的原因[②]。刘易斯的观点难以摆脱 20 世纪西方资本主义发展特有语境的影响,在某种程度上迎合了现代化理论追捧者的说法。在自由市场条件下,所谓成功人士多有积极进取的精神和冲劲,持有充分利用一切可以利用的资源和将工作效益最大化的价值观。与此相左的行为准则和价值观,通常被看作穷人特有的消极特征和穷困之源。贫困文化论也让人们清楚地看到,

---

① Oscar Lewis, *The Culture of Poverty* (New York: Scientific American, 1966), pp. 19—25.

② 潘天舒、熊力勤:《人类学与教育研究:基于文化观和田野体验的洞见和启示》,《复旦教育论坛》2011 年第 9 期。

将文化等同于人格和日常行为模式的错误导向，不但会使人类学家在学术上陷入自设的陷阱，而且会使自己的学说成为别有用心的政客推脱政府责任的理论依据。①

第二节　贫困文化论传入中国及其本土化阐释

1978 年是中国经济社会发展的一个重要转折点。随着农村生产体制的改革和农村经济的发展，中国农村的贫困状况得到了很大程度的缓解，伴随着经济发展出现了两极分化现象。在改革开放以前，中国也在开展扶贫工作，但主要是给钱给物的救济式扶贫，目的是解决那些绝对贫困人口的基本生存问题。1986 年以后，农村经济增长对减缓贫困的影响日趋减弱，继续依靠以往经济增长的涓滴效应难以有效地减贫。基于这种情形，中国政府从 1986 年起开始启动了有计划、有组织、大规模的开发式扶贫。② 开发式扶贫既能推动国家经济发展，也能够缓解中国农村贫困问题。开发式扶贫作为一种新的扶贫方式，取代了原来的救济式扶贫方式。国家希望通过走资源开发和人力资本提升的“技术—现代化”道路，培养贫困地区和贫困人口的内生发展能力，改输血式扶贫为造血式扶贫。中国的扶贫开发首先遭遇的是“扶贫—脱贫—返贫”的循环，我们无法从社会结构的进路解释这种区域性和个体性的现象，最终只能是从文化的进路进行解释。

---

① 潘天舒：《发展人类学概论》，华东理工大学出版社，2009，第 62—63 页。

② 张磊主编《中国扶贫开发政策演变（1949—2005）》，中国时政经济出版社，2007，第 86 页。

一、贫困文化论传入中国

当面对相同的发展条件，却有差异的发展结果（如一些人或地区富裕，另一些人或地区贫困）时，文化进路就具有更强的解释力。[①] 中国实行改革开放以后，东部、中部和西部地区便呈现一种有差异的发展结果：西部地区在拥有丰富的自然资源和劳动力资源的情况下仍然沦为贫困地区。同时，在国家开展的扶贫工作中，有些人能够借助国家政策成功地摆脱贫困，有些人却始终难以摆脱贫困。为了解释此种现象，王小强和白南风两位学者在1986年出版的《富饶的贫困：中国落后地区的经济考察》一书中将西部地区的致贫原因总结为“人的素质差”。在他们看来，西部地区的贫困问题“不是资源的匮乏，不是产值的高低，也不是发展速度的快慢。人的素质差，才是所谓‘落后’概念的本质规定”。[②]《富饶的贫困：中国落后地区的经济考察》一书提出的“素质致贫论”在当时影响很大，开启了中国学术界从文化的角度解释贫困和制定扶贫政策的先河。

王小强、白南风视野中的“人的素质差”导致了贫困，这里的素质特指的是人从事商品生产和经营的素质。这也从一个侧面反映了当时贫困人口陷入贫困的原因是，一些人不能适应国家刚实行不久的市场经济政策，是政策的转变导致了贫困人口的产生，并非真的是因为贫困人口的“素质差”。这项研究超越了中国过去仅仅在资源约束的经济分析框架内讨论贫困问题的局限，将贫困者所拥有的生产、生活方式等非经济的因素带入了贫困分析的

---

① 周怡：《贫困研究：结构解释与文化解释的对垒》，《社会学研究》2002年第3期。
② 王小强、白南风：《富饶的贫困：中国落后地区的经济考察》，四川人民出版社，1986，第56页。

视野。关于人的现代性与不发达国家人们的贫困状况之间的关系，美国学者英格尔斯（Inkeles）早已论述过："如果一个国家的人民缺乏一种能赋予这些制度以真实生命力的广泛的现代心理基础，如果执行和运用着这些现代制度的人，自身还没有从心理、思想、态度和行为方式上都经历一个向现代化的转变，失败和畸形发展的悲剧结局是不可避免的。"①此后，越来越多的研究者将农村贫困现象与非经济因素联系起来。

事实上，中国学术界在理解中国农村地区的贫困问题时，曾经使用了不同的理论资源。王小强和白南风在20世纪80年代提出的"素质致贫论"曾经风靡一时，但人口素质常常与受教育程度有关，显然仅从人口受教育程度的层面并不足以完全理解中国农村地区贫困问题的丰富内涵。例如，在一些西部少数民族的传统文化中仍然有强烈的平均主义思想，也将经商赚取利润看成一种不光彩的事情，人口素质这个概念就很难用于分析少数民族的传统文化是如何影响现代经济发展的。而用文化特别是民族文化解释经济发展过程中的非经济因素，比人口素质这个概念具有更大的包容性。因此，从20世纪90年代开始，在理解中国农村地区的贫困问题时，"贫困文化论"就已经取代了"素质致贫论"。这两个概念的兴衰证明了前者比后者对社会现象具有更强的解释力。即使是在近些年的精准扶贫政策实施过程中，也有学者从贫困文化出发来论证在农村地区开展文化扶贫的必要性。

近代以来，在中国流行的社会科学概念基本上来自西方国家，这些产生于西方社会、经济、文化背景中的社会科学概念在进入中国之后面临着本土

① 阿历克斯·英格尔斯：《人的现代化——心理、思想、态度、行为》，殷陆君译，四川人民出版社，1985，第56页。

化问题，在本土化的过程中这些概念的意义和内涵往往会被重新解释而发生变化。金观涛和刘青峰指出："我们研究过的若干中国当代重要政治观念的形成，几乎都经历了'选择性吸收''学习''创造性重构'三个阶段。"①因此，通过对某些社会科学概念的产生背景、进入中国的历史过程、意义转化与创造性重构过程的考察，我们可以看到现代中国主要的话语形态的建构过程。贫困文化论在传入中国之后，概念的意义被中国社会文化情境所重塑，实现了概念的本土化。在贫困文化传入中国后，中国的一些学者和政策制定者并不是在原生含义上使用这个概念，而是根据中国的实际情况，赋予贫困文化论新的含义。

贫困文化的英文表述是 culture of poverty，仅从英文的字面意义来看，它讨论的是某个群体的贫困问题和文化状况之间具有的若干联系。中国的一些研究者和政策制定者在解释中国农村地区的贫困问题时，对产生于西方国家的贫困文化概念仅从字面意义上指出了贫困问题与文化状况之间的关联性，而对西方学者研究城市贫困问题时提出的贫困文化的内涵则不加以反思，直接应用于分析中国农村地区面临的贫困问题。② 众所周知，城市和农村的社会状况存在很大的不同，城市社会中有着复杂的社会分层、贫富分化和明显的阶层关系，而农村社会的社会分化层级比城市要简单得多。因此，"望文生义"般地用产生于研究城市贫困问题提出的贫困文化论来分析中国农村的贫困问题，导致的结果就是理论和概念的误用与滥用。

---

① 金观涛、刘青峰：《观念史研究：中国现代重要政治术语的形成》，法律出版社，2010，第 11 页。

② 李文钢：《贫困文化论的误用与滥用》，《中国农业大学学报(社会科学版)》2018 年第 5 期。

二、贫困文化论的中国本土化阐释

在中国的一些学者和政策制定者将贫困文化论付诸实践的过程中，一个值得警惕的现象是将贫困文化简单地等同于传统文化，或者认为贫困文化是传统小农文化的一种表现形式。比如，著名人口学家穆光宗就指出，传统文化中听天由命的人生观、得过且过的生活观、重农抑商的生产观、好逸恶劳的劳动观、温饱第一的消费观、有饭同吃的分配观、崇拜鬼神的文化观、重义轻利的伦理观、终守故土的乡土观、多子多福的生育观导致了物质贫困。① 赵秋成则直接认为，贫困文化植根于小农经济的土壤中，是长期与外界隔离的产物。② 妥进荣主编的《保安族经济社会发展研究》一书中有下面一段对于保安族贫困原因的分析③：

保安族人口较少，且长期聚居，客观上形成了相对封闭的社会环境，除青壮年搞劳务、做生意出门外，保安人相对固定于特定的生活环境中，容易满足于现状，因而形成了以小农经济为特征的自然经济的状况，决定了人们的思想观念和生活方式相对落后，加上文化素质较低，从而制约了保安族经济社会的发展。

还有研究者从大凉山彝族的丧葬方式、婚嫁聘礼、人情消费、家支活动与毕摩仪式消费等方面强调这些活动对彝族经济发展和财富积累产生的消极作用，间接而隐晦地批评了彝族的传统文化是导致彝族长期处于贫困的

---

① 穆光宗：《论人口素质和脱贫致富的关系》，《社会科学战线》1995 年第 5 期。

② 赵秋成：《对贫困地区人口文化贫困的研究》，《西北人口》1997 年第 3 期。

③ 妥进荣主编《保安族经济社会发展研究》，甘肃人民出版社，2001，第 59 页。

原因。[①] 从这些学者对贫困文化内涵的理解来看，贫困文化的论述对象恰好是刘易斯所强调过的不能将因居住在封闭环境中而贫困落后的人群的生活方式称为贫困文化。刘易斯很明确地指出，贫困文化这个理论有着非常严苛的适用对象，只能用于描述和解释在有着复杂社会分层的社会中，那些长期处于社会底层的群体的行为特征、价值观念和生活态度与贫困问题之间的关联性，贫困文化要处理的是一个产生于现代性中的问题。为了避免贫困文化论被错误地使用，刘易斯在发表于 1967 年的一篇回应其他学者批评的文章[②]中再次强调：

这个（贫穷文化）概念绝对没有把贫穷的罪责置放在穷人的性格上；这个概念更没有忽略穷人的受虐或他们所遭受的盘剥。事实上，贫穷的副文化是较大的资本主义文化的一个部分；这个资本主义文化的社会及经济体制将财富集中到少数人的手里，也导致了种种阶级差异的尖锐增长。

反观贫困文化传入中国之后作为解释致贫原因的一种流行理论，贫困文化的分析对象又恰好是刘易斯所严厉反对的，就是那些在历史上长期远离国家经济生活，有着一套自给自足的生活逻辑和文化体系的少数民族群体。国内的一些学者和政策制定者未进行深入思考，而将贫困文化论作为立论依据，丝毫没有意识到这一概念产生的政治经济背景及其被用于政府决策后产生的不良后果。对于当今的人类学和社会学学者来说，刘易斯贫

① 罗边伍各：《凉山彝族传统习俗对扶贫的影响及对策研究》，《西昌学院学报(社会科学版)》2016 年第 1 期。

② 转引自奥斯卡・刘易斯：《贫穷文化：墨西哥五个家庭一日生活的实录》，丘延亮译，巨流图书公司，2004，第 65—66 页。

困文化论研究留下的最大教训是：用民族志来讲穷人的故事，必须格外慎重小心，必须看到比“文化”更强大的结构性力量，必须让自己的“人类学想象力”屈从于“社会学的想象力”。在中国社会中，如何理解贫困的成因，关系到贫困何以成为一个问题，一方面“扶贫开发”这一提法更倾向于结构解释，另一方面“扶贫先扶志”“治穷先治愚”等口号又明显是文化取向。在文化扶贫的话语体系中，所谓“志”和“愚”指的是贫困人口具有的那些不符合现代市场经济要求的行为方式、价值观念和生活态度，不是贫困人口真的丧失了生活的志气，也不是贫困人口的行为表现愚蠢，并不是说贫困人口就没有文化。

第三节　超越贫困文化论理解中国农村贫困问题

刘易斯从一开始就强调，贫困群体在现代经济社会中长期生活于社会底层，贫困文化的形成是由他们的经济基础决定的，贫困文化在形成之后又反作用于贫困群体的经济生活，使得贫困群体难以摆脱贫困状况。如此看来，文化作为致贫原因的流行看法缺乏现实基础，在逻辑推论上也难以成立。人们对刘易斯提出的贫困文化论的批评是建立在对其理论观点的错误理解之上的。一些中国学者和政策制定者对贫困文化论的错误使用则是仅仅基于对贫困文化这个概念做了字面意义上的理解。既然贫困问题是与现代经济增长相伴而生的一种现象，对致贫原因的探寻终究应该聚焦于与经济增长有关的政策和话语方面。即便是同一种文化属性，在经济变迁的不同时期也被经济赋予了不同的意义。节俭曾被看作中华民族的传统美德，但在国家遭遇经济衰退，试图将扩大内需作为经济发展动力时，此时再过着一种节俭的生活便会被看作一种不合时宜的行为。同时，人们在对现代化后果的批判与反思中，又回过头去挖掘民族传统文化的价值，探寻现代化道路之外的不同生活方式和生活意义。

一、经济与文化之间关系的实践反思

爱德华·泰勒(Edward Tylor)在《原始文化》一书中给“文化”下了一个复合性的定义：“文化或文明，就其广泛的民族学意义来说，是包括全部的知识、信仰、艺术、道德、法律、风俗以及作为社会成员的人所掌握和接受的任何其他的才能和习惯的复合体。”①从泰勒在19世纪后期对“文化”所下的定义中，我们并没有看到经济在文化中的任何影响。原因在于，在泰勒所讨论的当时的非西方社会中，经济并没有凌驾于社会之上。正如马林诺斯基(Malinowski)研究的“库拉圈”所表明的，经济活动是以一种自然而然的状态混杂在一系列文化习俗之中，作为文化习俗的组成部分发挥着维持社会正常运转的功能。“从文化的或经济的发生学角度来看，经济与文化本来并不具有一方优于另一方的性质，同时也不存在为了追求一方必须牺牲另一方的关系。”②事实上，人类社会的两种生产活动区别于动物界单纯的物种延续，人类有意识的生产活动直接把人和动物的生命活动区别开来，这样的活动既是文化的，也是经济的。从文化人类学意义上来说，人类的一切经济

① 爱德华·泰勒：《原始文化》，连树声译，广西师范大学出版社，2005，第1页。
② 胡慧林主编《文化经济学》，上海交通大学出版社，1996，第1页。

活动同时也是文化活动，同样蕴含着文化的意义。

因此，在波兰尼区分的互惠、再分配和市场三种经济活动中，文化与经济之间并没有一条明确的分界线。同时，波兰尼看到了人类进入工业社会之后产生的一个悖论，资本主义经济的发展重新塑造了整个世界，由此宣布人类进入了一个“大转型”的时代。生活于资本主义急剧扩张年代的马克思(Marx)也看到了现代社会的悖论，以对资本的批判为中心构建了自己的理论体系。在马克思看来，经济与社会的位置在当时发生了完全的倒置，现代经济的增长使得此前嵌入社会中的经济转换为经济支配社会。① 正是在这种支配下，原来作为满足人民物质需要手段的经济，已完全转换为服务于以获利为首要原则的资本。当资本支配了社会生活后，文化与经济之间本来存在着的平行关系转换为决定和被决定的关系，用马克思的一句广为人知的名言来说，就是经济基础决定了作为文化的上层建筑。

正如韦伯指出的，当今的资本主义既然已经左右了经济生活，它事实上就是通过经济界适者生存的过程教育着、选择着它所需要的经济主体。② 在民族地区经济发展和扶贫实践中出现频率最高的有两种理论，一是将民族文化看成推动民族地区经济发展的观点③，二是贫困文化论。前者指向的是民族文化作为经济发展的动力，后者指向的是民族文化作为经济发展的阻力。从表面来看，这两种理论探讨的都是文化对经济的决定或影响作用，但

① 中共中央编译局编《马克思恩格斯选集》第1卷，人民出版社，2012，第414页。

② 马克斯·韦伯：《新教伦理与资本主义精神》，于晓、陈维纲译，生活·读书·新知三联书店，1987，第38页。

③ 李天翼：《以文化赋能破解富饶的贫困》，《贵州日报》2019年5月22日。

本质上却如韦伯所说，资本在统治社会之后肆意地选择自己的经济主体。当今的资本在面对民族文化时，可以在不同的语境甚至是在同一种语境中将民族文化塑造为推动经济发展的资源和贫困产生的根源。① 但是，民族文化与经济变迁之间的关系前后出现矛盾的话语并没有引起人们的广泛注意，在以经济增长增进人民福祉的时代，资本对某些民族文化要素的选择性保留或是选择性消灭似乎都变得合情合理。

正如波兰尼的《大转型：我们时代的政治与经济起源》的书名所示，现代社会的转型不仅体现在经济对社会的支配上，在政治转型方面还包括传统国家向民族国家的转变。国家形式的转变又进一步强化了发展的“经济化”，经济增长及其相关制度安排始终居于民族国家政治生活的中心地位。现代社会以政治场域中的民族国家形式和经济场域中的资本支配形式，创造出了两个迄今为止无可比拟的“巨无霸”——国家意志和资本信念，它们也就顺势成为现代社会发展实践进程中最基本的主导性力量，成为发展实践的主要领导者、规划者和组织者。② 在以资本逐利为中心的经济变迁过程中，地方社群面临着瓦解的命运，民族文化也被资本的力量重塑，但人们对资本和现代经济发展的批判往往局限于资本和经济发展本身，忘记了“最基本的和最重要的贸易协定和贸易集团，都是由民族国家提出、确定其条例和实现的”③。

① 阮池茵：《农业产业化发展与凉山彝族的贫穷——对凉山州苦荞产业发展的考察》，《开放时代》2017 年第 2 期。
② 陈庆德、杜星梅：《现代社会的再认识与发展反思》，《思想战线》2019 年第 2 期。
③ 罗纳德·奇尔科特主编《批判的范式：帝国主义政治经济学》，施杨译，社会科学文献出版社，2001，第 282 页。

马克斯·韦伯在一次公开演讲中指出，一个民族国家必须坚持有利于本民族的经济政策。① 一些人认为，经济可以脱离政治是一种幻想，因为经济权力的背后是政治权力，更准确地说就是一个民族如何在全球体系中谋求自己的位置。民族国家的活动规模和范围已经大大扩大了，以至于我们在任何经济分析或批判中都不能忽视民族国家的重要作用。在总体性上承认民族国家制定经济政策的合理性和必要性时，我们不应该忽视这些经济政策在具体实践中所产生的负面影响。民族国家不是一个单纯和空泛的政治组织，它还体现了民族与国家之间存在的一种鲜活关系。因此，当我们批判资本将民族文化建构为经济发展的动力或阻力时，不应该忘记民族国家对资本能够发挥制约和调节作用。毕竟，生活于民族国家中的民族不仅有谋求更多福利的动机，还有发展民族文化和实现民族“文化自觉”的愿望，而这些正在经历着“民族文化资本化”和“贫困文化论”正反两方的夹击。

文化对经济变迁的影响充其量只是诸多因素中的一种，而“在这些一般性的属性当中，没有哪一项是明确无误地与经济进步相关的”②。同样，贫困可能会与穷人的某些价值观念有关，但无论如何文化不会导致贫困产生，即使在现今全球化浪潮的冲击下，一些民族仍然会利用自己的文化优势，找到发展的起点。③ 我们所生活的时代是一个人人都在谈论文化的时代，似乎文化对人类社会的发展进步已经发挥了决定性作用。令人悲伤的是，我们只

---

① 马克斯·韦伯：《民族国家与经济政策》，甘阳、李强、文一郡、卜永坚译，生活·读书·新知三联书店，1997，第 97 页。

② 迈克尔·波特：《态度、价值观、信念以及繁荣的微观经济学》，载塞缪尔·亨廷顿、劳伦斯·哈里森主编《文化的重要作用——价值观如何影响人类进步》，程克雄译，新华出版社，2002，第 44 页。

③ 马良灿：《贫困解释的两个维度：文化与制度》，《教育文化论坛》2010 年第 4 期。

是夸大了文化的作用而已，却鲜有对具有普遍性特征的资本展开批判。以笔者的智识并不足以建构一种新的模式来审视民族文化与经济变迁之间的关系，只是以资本为中心重新思考民族文化在经济变迁中到底发挥着什么样的作用，提醒人们注意在谈论文化的时候到底谈论到了什么程度。国家形式向民族国家转变与经济对社会的支配已经成为影响人们日常生活的两种最为重要的力量，在承认民族国家制定经济政策的合理性和必要性时，也许提出资本对民族文化的选择性利用会造成一些矛盾话语，这些矛盾话语对民族国家中的民族文化产生了挑战，具有一定的学术意义。

二、结构与文化两种解释进路的平衡

在对待结构和文化两种解释进路时，我们的潜意识里希望某种解释进路具有更强的解释力。但这种期待不仅不现实，而且没有任何必要，因为在社会科学研究中，任何理论都有其局限性，也有一定的道理和功用。结构与文化之间的关系，是结构以实力作为基础引发对文化的支配，文化对结构又产生一种持久性影响。正如安东尼·吉登斯（Anthony Giddens）所说，对社会研究来说，最重要的是那些规则类型，它们是与制度化实践的再生产紧密交织在一起的，而所谓制度化实践，就是在时空中最深入地积淀下来的那些实践活动。[①] 当我们把这种思考应用于贫困研究时，应当明白，在社会结构中占有优势资源地位的群体或个人自然而然地要对弱势群体或个人实现文化上的全面统治[②]，要求穷人接纳他们“设计”好的生活模式、价值观念等。

---

① 安东尼·吉登斯：《社会的构成：结构化理论大纲》，李康、李猛译，生活·读书·新知三联书店，1998，第 85 页。

② 贺巧知、慈勤英：《城镇贫困：结构成因与文化发展》，《城市问题》2003 年第 3 期。

这种统治的结果有三种可能：第一种是穷人接纳了富人强加给他们的文化，却不能享有富人那般的财富、地位和权利，在一种扭曲了的“理性文化”中求生；第二种是穷人无法完成对主流文化的接受，生活在自己的“贫穷文化”之中；第三种是移民中的贫困者从一种文化跨入另一种文化时，在边缘处境中艰难度日。① 在结构与文化的关系上，我们看到了一种理论假设，即当结构造就了贫困现象，尤其是涉及较长时期的贫困现象之后，我们需要采用文化进路的解释。原因在于，在我们的社会生活中，结构对文化的支配不可避免，每一种由结构所造成的社会现象都自然而然被打上了文化的印记。

当结构支配了文化之后，产生了某种形式的文化，这种文化形式又具有很强的自主性。马林诺斯基论证的文化满足人们日常生活中所扮演的角色，马克思主义论述的上层建筑对经济基础具有的反作用，葛兰西(Gramsci)的“文化霸权”，以及布迪厄(Bourdieu)的社会资本理论等，都从不同层面强调了文化的自主性。在贫困研究领域中，贫困文化论非常鲜明地强调了文化的自主性，受社会结构所塑造的贫困文化一旦形成，就具有了强大的生命力和自我延续能力。我们可以发现，在扶贫开发的历史进程中，由国家所推动的社会结构变迁在遭遇所谓贫困文化时，贫困文化的文化自主性就会对社会结构变迁产生诸多消极影响，因而需要开展“文化扶贫”工作以根除贫困文化。

但是，在社会结构的变迁过程中，当人们谈及贫困文化如何阻碍社会结构的变迁时，关注的只是社会学家奥格本所论证的“文化堕距”，即精神文化

① 周怡：《解读社会：文化与结构的路径》，社会科学文献出版社，2004，第191页。

的变迁速度迟于物质文化时所产生的社会问题。贫困文化论注意到了社会结构变迁过程中产生的消极影响，却没有论及当贫困文化本身发生变迁时贫困群体如何应对，而这种忽视正是贫困文化理论的主要缺陷之一。就中国农村发展研究而言，研究者常常将现代国家与传统农民对立起来，充满现代性的国家政策对传统农民的地方性知识形成压制，导致现代国家政策在农村实施时的失败。这种研究取向也先入为主地认为，贫困者会在原有文化中故步自封，敌视新的文化，而贫困者代表着文化变迁过程中固守传统、无法适应新角色的一群人。① 现代国家与传统农民的二元对立分析框架没有注意到传统农民主动拥抱现代国家的可能性，也就是农民主动接受和迎合国家的发展话语。②③ 当发展主义成为国家和农民所共享的知识时，在农村文化变迁的过程中，贫困文化论也就失去了解释力。

也许我们会因此产生疑问，在那些农民主动接纳和拥抱国家发展主义话语的地方，为什么很多农民仍然没有摆脱贫困？同时，贫困文化论也难以解释，即使是在一个很小的区域（村落社会）内，也有一些人能够变得富裕，而一些人却仍然处于贫困状态中。如果将具有社会性的贫困文化降格为解释那些只是属于个体性的贫困问题，贫困文化也就难以再称作一种亚文化。其实，在我们的理念中，每一个人都不愿意被贫困所困扰，每一个人在面对时代变迁时都曾试图积极进取，只不过是个人的选择机会、所面临的结构性

① 周怡：《解读社会：文化与结构的路径》，社会科学文献出版社，2004，第 193 页。
② 李文钢：《国家主导型发展规划的地方回应研究——以宁边村“美丽乡村建设工程”为中心讨论》，载黄宗智主编《中国乡村研究》2016 年第 13 辑。
③ 辛允星：《“发展”是如何被接纳的——羌族村落社会的“观念史”》，《中国农业大学学报（社会科学版）》2017 年第 4 期。

环境，以及为达到发展目标而拥有的资源和借用的手段等方面存在不同，才会出现社会结果上的不均等。单独依赖哪一种解释都难以真正理解贫困问题，因为文化与结构之间始终是彼此强化而难解难分的。制度解释作为结构解释路径的一种方法，人们在使用它时很难排除文化因素，而在贫困文化出现的地方，也常常能看到制度性因素对贫困的构造作用。

即便如此，这两种解释进路并存不等于它们具有同等的重要性。我们应该明白的是，贫困产生的原因在于人类社会发展过程中的结构转型，贫困人口作为一种社会分层现象始终存在于任何国家之中。贫困群体能否摆脱社会结构的束缚而实现阶层流动，很大程度上取决于他们所具有的能动性，而贫困群体的能动性又受到他们在这种社会结构中所形成的文化的影响。因此，我们在将文化作为深层的、局部的因素解释贫困现象时，仍然强调结构对文化的决定作用。从结构到文化再到结构的诠释过程，体现了从整体到局部再到整体的过程。或许可以这样说，就贫困群体而言，结构是社会的整体框架，文化则构成这个框架中的内容。① 也就是说，在贫困研究中，即使我们强调了文化的重要性，也只能在结构所规定的框架中对文化的重要性展开诠释。正如李小云等所指出的，“现代意义的贫困生产是在不利于贫困群体的发展制度和贫困群体现代性伦理缺失的相互作用下发生的政治、经济和社会过程”②。

三、优势视角与两种解释进路的融合

社会工作者研究农村贫困问题，并不只是为了理解和解释农村贫困问

① 周怡：《解读社会：文化与结构的路径》，社会科学文献出版社，2004，第198页。

② 李小云、吴一凡、董强、宋海燕：《发展性贫困的生产：制度与文化的田野对话——一个Y族村庄生活的发展叙事》，《广西民族大学学报(哲学社会科学版)》2019年第3期。

题产生的原因，更重要的是找到致贫原因之后，能够切实可行地寻找消除农村贫困问题的策略和方法。作为文化解释进路的贫困文化论引起的结果是，人们在贫困人口身上寻找致贫原因，如贫困人口的生活方式、价值观念、行为态度等因素导致了贫困；而结构解释进路强调，应该从社会结构、政府政策、国家制度等方面寻找人们的致贫原因。文化解释进路在解释致贫原因时聚焦的是微观层面，结构解释进路在解释致贫原因时聚焦的是宏观层面。要融合两种解释进路，以全面地理解和解决中国农村贫困问题，就需要将一些能够联结宏观和微观的概念作为中介。在过去，不管是文化解释进路，还是结构解释进路，无不是以一种“病态模式”来理解中国农村贫困问题。所谓以病态模式来理解中国农村贫困问题，是指要么从宏观层面认为中国农村在城乡二元对立的制度中处于劣势地位，农民在社会结构中处于边缘位置，要么从微观层面将中国农村贫困问题理解为由贫困人口自身所具有的贫困文化导致的。

病态模式下的农村社会工作者大多将注意力放在如农村人口素质低下（教育落后等）、自然资源匮乏（耕地不足等）、地理位置偏僻（交通不便等）、农业技术落后（传统耕作等）等问题上。从病态模式下发展出来的反贫困策略就是如何帮助农村贫困人口弥补自身的不足。无论是服务取向、教育取向还是组织取向的农村社会工作，如果以病态模式介入农村社区，基本做法都是透过外来者的直接资助，推动现代化教育、大搞基础建设、引进农业科技和推动农民组织等①，帮助农村实现现代化。本章在学理层面详细讨论了

① 张和清、杨锡聪、古学斌：《优势视角下的农村社会工作——以能力建设和资产建立为核心的农村社会工作实践模式》，《社会学研究》2008 年第 6 期。

贫困文化论的产生情境、传入中国的时代背景、在中国的实践过程及其面临的困境，旨在说明贫困文化论在中国农村扶贫开发实践中的误用与滥用过程就是以病态模式来审视贫困人口的日常生活的。而病态模式下的农村社会工作——无论是聚焦致贫原因的微观因素还是宏观因素，在其指导下所开展的扶贫工作均已经被证明收效甚微，仍然难以培养贫困人口脱贫的内生能力。

优势视角立足于对病态模式的反思和批评。“它认为病态学词汇背后是一系列假设，这些假设反过来为案主刻画出一幅并不可爱的图景。”①当前，西方国家关于农村社会工作的重要议题转向是社会网络和社会资本的建设②，具体的社区发展实践非常强调资产和能力建设的方法。社区资产包括本地居民的技艺、地区居民组织的权力，公营、私营、非营利机构的资源，当地的物资和经济条件。“资产建立”模式的核心假设是每个人都具有能力、潜质和天赋等，关键是要发掘并抓住这些资源，开列出社区及个人能力清单。③ 同时，能力建设视角的背后是相信在地社区的民众不管是贫困群体还是边缘群体都拥有自身的能力，只是这些能力常常被隐没和没有被发现。资产和能力建设的框架说明，我们从优势视角看待在地社区民众，看到的是其隐藏着的各种资产和能力，而不是盯着他们的缺陷、问题和无能。④ 农村社会工作的实践策略不是发现农村贫困人口的缺陷，而是去揭示和重新确

① 何雪松：《社会工作理论》(第二版)，上海人民出版社，2017，第228页。

② 周珂、吴斐琼：《优势视角下的农村社区跨地域再组织》，《国际城市规划》2015年第1期。

③ 张和清、杨锡聪、古学斌：《优势视角下的农村社会工作——能力建设和资产建立为核心的农村社会工作实践模式》，《社会学研究》2008年第6期。

④ 古学斌：《行动研究与社会工作的介入》，《中国社会工作研究》2013年第10辑。

定贫困人口的能力、天赋、生存策略，以及社区的资产和资源。也就是说，优势视角下的农村社会工作不是要看到贫困人口缺什么，而是要看到贫困人口有能力做什么。

同时，社会工作作为一种助人专业，如今大致分为两种取向：增能取向的社会工作和医疗取向的社会工作。人们对医疗取向的社会工作所展开的批评是，这种助人工作一方面缓解服务对象的困难，另一方面也削弱了服务对象对于社会体制结构存在的不公的进一步察觉。服务对象自己面对和承担困境所能培养出的能耐也可能受到专业服务的介入而减弱[①][②]。增能取向的社会工作和医疗取向的社会工作最大的不同之处在于，增能取向的社会工作重视对服务对象和在地民众的增能，在过程中强调平等的伙伴关系，强调促进个人、家庭、组织或社区的能力得到提升，使其更有信心、勇气，自愿采取行动改善自身的不利处境，最终使得服务对象成为自我发展的主体。

对增能取向的社会工作者来说，研究本身就是一种行动，希望在研究过程中促进在地民众能力的提升。在优势视角指导下，行动研究者通过教育介入的过程做好以下工作：一方面，在行动中保持觉知并借着反身观察，觉知自我，以改善提升自我觉知程度，借此辨明自我的价值与社会位置立场；同时要观照自身所处之社会情境与文化框架，以深化对外在世界与自我的观察。[③] 另一方面，在陪伴与支持在地民众面对其生命困境难题的同时，教育的介入使在地民众系统地认识自身的社会地位和造成自身当下生活处境

① 黄耀明：《社会工作介入失独家庭生活重建的行动研究》，《东南学术》2015 年第 5 期。
② 陶蕃瀛：《“行动研究”：一种增强权能的助人工作方法》，《应用心理研究》2004 年第 23 期。
③ 同上。

背后的结构性因素，从而培养、提升在地民众的公民能力——社会、经济、政治各方面的能力。① 意识觉醒后的行动，是一种有意识、有主体性的行动，是行动者自我抉择后的主动行动，这种行动也是可持续性的。

在农村社会工作领域中，行动研究者能够很好地帮助农村社会工作者认识农村社区，在实践行动中寻找研究问题，提出农村社会工作的介入方案和实践行动方案。行动研究者在每一个实践阶段（包括需求评估、行动方案制定和执行、行动的评估反思和总结）都会致力于用最适合在地文化和民众的方法，更好地理解服务对象的问题和需求，让民众真正参与实践行动并在过程中提升能力。② 优势视角认为，探求人们和社区内部的力量就必须推翻和抛弃歧视性标签，为家庭、机构和社区资源的链接提供机会，让受害者远离自己的思维定式。③ 一直在努力运用社会工作方法推动中国贫困地区农村发展的学者古学斌在实践中指出：

笔者在农村看到性别不平等的问题，为了改变这种现象，必须推动各种赋权妇女的项目。其中的关键是能让妇女看到这种不平等、意识到父权文化对她们及其家庭的伤害，也能认清自己并不是愚昧无知的，知道自己没有知识和见识是由于生活机会的不平等造成的。要让妇女们的思想解放，笔者需要推动农村的性别发展和参与式的培训，用多元的形式（戏剧、话剧、小品和歌谣）来启蒙村民的平权意识。这些培训（开展小组工作、做个案、搞大型社区活动）最重要的特点是让参与者真正发声，界定自己对现实的理解，

① 古学斌：《行动研究与社会工作的介入》，《中国社会工作研究》2013 年第 10 辑。

② 古学斌：《道德的重量：论行动研究与社会工作实践》，《中国农业大学学报（社会科学版）》2017 年第 3 期。

③ 何雪松：《社会工作理论》（第二版），上海人民出版社，2017，第 231 页。

掌控研究的过程。在此过程中，让社区的民众发现他们自己的力量和能力。①

贫困文化视角下的反贫困常常将贫困人口的生活方式、价值观念和行为习惯问题化，而优势视角下的社会工作反对将服务对象问题化，认为问题的标签对服务对象具有蚕食效应，重复的次数多了以后，就改变了案主对自己的看法，也改变了周围人的看法。从长远来看，这些变化融入了个人的自我认同。在优势视角理念和原则的指导下，自20世纪90年代以来，社区发展在美国再度兴起。以“能力建设和资产建立”为核心的社区发展侧重于三个方面的内容：一是“能力建设和资产建立”。社区发展的许多概念集中关注、洞察并利用社区内可获得的资产、资源和优势。二是建立关系。基本假设是社区和它的周围环境中可能隐藏着某种内在的资源，社会工作者应该欣赏和发掘社区的内部资源、资产和能力。三是树立信心。以优势和资产为本的取向可以激发案主和社会工作者的乐观情绪、希望和动机。②

在个案工作中，专业社会工作者需要组织起来，结合贫困人口及其家庭的实际情况，发掘贫困人口所具有的能力和优势，制定一套包括协调、监督、评估、倡导等项目在内的服务方案，推动贫困人口及其家庭情况的不断改善。此外，国家实施的精准扶贫要求精准识别贫困人口、精准识别致贫原因、精准制定帮扶政策、精准评估脱贫效果和精准管理贫困人口，这些精准

① 古学斌：《道德的重量：论行动研究与社会工作实践》，《中国农业大学学报(社会科学版)》2017年第3期。

② 张和清、杨锡聪、古学斌：《优势视角下的农村社会工作——能力建设和资产建立为核心的农村社会工作实践模式》，《社会学研究》2008年第6期。

要求也正好契合了社会工作的个案工作方法。王思斌指出："社会工作与精准扶贫都是帮助困难群体解决问题的行动，二者在对待贫困的价值观、工作方法、工作过程、目标追求等方面具有相似性或同构性。"①个案工作可以一对一地为贫困人口进行专项辅导，更深刻地把握精准扶贫精准性的第一要义。社会工作的个案方法与精准扶贫要求的同构性说明，社会工作参与扶贫开发、精准扶贫有很大的协同性。社会工作个案工作参与精准扶贫可能会作出独特贡献。

运用小组工作方法，通过建立贫困群体互助小组、贫困青少年成长小组，以及与其他社会成员共同组成互助小组，贫困群体及其后代能够挖掘、积累和运用社会资本，促使贫困家庭最终走出贫困的恶性循环。小组工作的特点是强调小组共同经验与社会工作者的协调作用，帮助案主改善贫困境遇。在具体实践过程中，小组工作不仅要关注扶贫对象个人的情况，也需要对整个贫困村整体的人口特征，特别是思想文化水平、群体互动状态等方面进行了解和评估，不仅关注贫困群体经济条件的改善，也要关注贫困群体所处的生活环境状况。例如，古学斌在运用社会工作方法推动农村社区的发展实践中指出："我们想挑战强调个人主义和竞争的主流发展思维，希望通过手工艺项目推动一种新的集体合作形式的经济模式。"②在农村家庭联产承包责任制下，很多农业生产只是以个人或单户为基础，农村缺乏合作的文化。如果想让村庄层面的合作取得成功，就必须通过各种培训和活动推动村民能力的建设。

① 王思斌：《精准扶贫的社会工作参与——兼论实践型精准扶贫》，《社会工作》2016 年第 3 期。
② 古学斌：《行动研究与社会工作的介入》，《中国社会工作研究》2013 年第 10 辑。

运用社区工作方法，注重居民参与、合作、社区自助、领袖培训等事务，增强社区凝聚力和社区意识，推动和实施与脱贫攻坚有关的社会行动，落实社区发展方案。[①] 众所周知，我国农村的贫穷和农民的弱势地位除了源于资源的匮乏外，还因为城乡对立的二元结构、农产品价格低廉、市场波动、中间商剥削等因素降低了劳动力的价值，这也导致了城乡差距日益扩大。中国农村发展计划的视野一般只放在农村，忽视了城乡矛盾对农村问题的负面影响，导致农村问题被孤立地处理。在城乡合作和公平贸易的平台上，农民与城市居民，即生产者与消费者，再也不是二元对立关系，不是落后与现代、贫穷与富有的关系。[②] 优势视角下的社区工作方法并不是延续传统的社区发展模式，将发展计划的制定和实施仅仅聚焦于社区层面，而是要让贫困人口认识到社区发展与更大的社会体系之间存在紧密联系，最终认识到社区发展面临的困境更多地源自宏观社会结构的制约。

本章小结

优势视角下的农村社会工作介入，并非从问题和方法出发，而是立足于透彻的社会分析和农民自身的优势，整合思考社会工作的介入策略。[③] 从优势视角推动农村社区发展的理念和原则来看，其正好可以消解贫困文化视

① 李迎生、郭燕：《推动社会工作精准介入反贫困实践》，《中国人民大学学报》2018 年第 5 期。

② 张和清、杨锡聪、古学斌：《优势视角下的农村社会工作——能力建设和资产建立为核心的农村社会工作实践模式》，《社会学研究》2008 年第 6 期。

③ 同上。

野下的农村反贫困政策所面临的困境：在微观层面鼓励贫困人口树立生活的信心，在中观层面将贫困人口置于社区关系网络和资源中寻求脱贫的对策，在宏观层面则是鼓励贫困人口看到导致自身贫困的一些结构性因素，争取现有的发展话语权。社会工作作为一种制度设计，其核心在于把助人自助的理念转变为增强贫困者能力建设的过程，即把依靠行政强制的外部支持转向扶贫对象的自主自立发展。[①] 总的来看，贫困文化视野下的扶贫实践重点做的是挖掘贫困人口内生的发展动力，就是所谓“扶贫先扶志”，社会工作所秉持的价值理念是“助人自助”，两者的价值理念也是“志同道合”的。

① 李迎生、郭燕：《推动社会工作精准介入反贫困实践》，《中国人民大学学报》2018 年第 5 期。

第四章　内生性发展视野下的抱团脱贫：以“十户一体”为例*

在精准扶贫工作进入攻坚冲刺阶段，社会工作从助人自助的核心价值理念出发，通过激发受助主体的内生动力，促使其自我能力得到提升，从而摆脱所处的困境，与贫困治理的内涵具有相当的一致性。贫困治理具有一定的特殊性，此项工作在国家的主导下展开，工作内容广泛且是宏观的，社会工作则以专业知识聚焦于微观层面的能力建设，对贫困治理形成了重要的补充。本章重点探讨社会工作如何有效参与贫困治理。研究者希望从社会工作服务贫困地区和贫困人口的有效实践中汲取已经形成的丰富的地方经验，共同推动我国反贫困事业的进程。

* 本章引自杨发祥、郭儒鹏：《从环境治理到组织化扶贫："十户一体"实践模式研究——基于内源性发展的分析视角》，《新视野》2019 年第 5 期，部分内容有修改和延伸。

第一节　内生性发展驱动的村庄环境治理

贵州省作为全国精准扶贫、精准脱贫攻坚战的前沿重镇和内陆开放式扶贫试验区，在精准扶贫层面取得的进展和经验，具有全国性意义。在贫困治理的过程中，贵州省面临的基本困难和问题，也是全国其他地区贫困特点的表征。[①] 肇始于环境治理的“十户一体”实践模式，正是贵州省 T 县 C 村通过激发村庄共同体的内生性发展动力，成为将分散的贫困户有效组织起来并形成脱贫合力的重要载体。这种抱团脱贫模式逐步成为一种可复制、可推广的组织化扶贫模式，为社会工作有效介入贫困治理、破解当前贫困治理难题[②]、跳出贫困治理陷阱、进一步提升贫困治理成效，提供了可资借鉴的样本。从总体上看，“十户一体”模式的组织架构、核心人物、奖惩措施、制度保障等，是这一模式有效运作的内在机理与实践逻辑。

一、组织架构：责任共同体模块化

C 村是一个自然村庄，位于 T 县城北 25 千米的一个半山坡上，属苗族人口聚居地。截至 2018 年 6 月，村内共有 220 多户共计约 1 060 人。长期以来，村庄内部管理松散、治安较差。村庄地理环境比较封闭，且位于半山坡上，村内居民产生的生活、生产垃圾不易收集和处理。这里的多数村民都

① 王春光：《贵州省脱贫攻坚及可持续发展研究》，《贵州民族大学学报（哲学社会科学版）》2018 年第 3 期。
② 刘小珉：《贫困的复杂图景与反贫困的多元路径》，社会科学文献出版社，2017，第 3—7 页。

有散养家禽的习惯，家禽排泄物常常散落在村庄的道路上，不仅影响村容村貌，也影响村民的生活质量。每逢重大节日，村委会都会组织党员和群众进行打扫，但是过不了多久就又恢复原貌了。因此，村内环境卫生脏、乱、差状态，成为长期困扰村庄发展的突出问题。上级规划工作小组在对C村进行考察后，决定利用其整体地理位置和自然环境，将C村打造成旅游村庄，对村内的环境卫生工作提出了更高的要求。为了解决村庄环境卫生问题的顽疾，驻村工作队、村委会及村民小组有关代表反复商议，制定了“十户一体”解决方案：根据居住相邻的原则，将村庄内十个左右的农户划分为一个责任主体单元，从而将整个村庄划分为19个责任主体单元。每个责任主体单元相当于一个小的组织模块，全村共形成了19个既相对独立又彼此紧密关联的模块。每个模块化组织从村庄认领一定的环境卫生清理责任片区，在模块内部再以户为单位进一步细分。分散的时候，这些模块是19个自我管理的模块化责任共同体，组合起来则是整个村集体，其优势在于将村内分散的农户通过一个个模块单位整合起来，形成了一种具有利益相关性的微观组织。

从形式上看，将十个左右农户作为一个责任主体单元，是“十户一体”模式的基本特征。从实质上看，“十户一体”模式将村庄内部的农户进行了组织化的安排。该模式最基本的激励和约束机制在于，在共同体内部形成了一种“有福同享，有难同当”的社会氛围。“福”是在任务检验合格后，责任主体单元的全体成员均会得到一些物质和精神奖励。那些任务需要大家合作才能完成，这种获得感和成就感会进一步使组织单元更加紧密团结。“难”则是指没有达到任务标准要求时，责任主体单元的全体成员都要受到村级通报批评，而“一户没达标，整个责任主体单元均受牵连”的制度安排，在熟人社会的共同体内部，每户都碍于“面子”，不希望自身“拖累”整体利益，往往会积极主动地完成分内的任务。于是，人们的主动性和能动性得以激发，从而在责任共同体内部逐渐形成一种自我认同感，大家都主动维护本共同体的利益①。通过建立这种模块化的责任共同体，该村深化了环境卫生工作的分工，提升了组织间的协同效应②。经过 3 个多月的施行，长期困扰村庄的环境卫生状况得到明显改善，该模式不仅得到了村民的普遍认同，而且得到了社会的广泛关注。

二、核心人物：内部意见领袖推选

在“十户一体”模式中，户长起到了至关重要的作用。户长通常在本责任主体单元内部推举产生，由大家公认的具有一定公信力的人担任。一般来说，户长需要有较好的人际交往能力，能够发挥带头作用，对村民的认知和行为具有一定的影响力。他们往往是致富能手，其独特的资源禀赋和社会声誉可以获得村民的认可。同时，户长是长期扎根在乡村社会内的一员，对村庄内部的乡土逻辑和责任主体单元内部各个农户家庭的基本情况比较了解，能够收集和提供较为真实的基层信息。基于这种天然的优势，这类人往往容易被推选为责任主体单元的户长。C 村共分成 19 个责任主体单元，自然就要推选出 19 位户长。从某种意义上来说，这 19 位户长具备类似的特质，能够将村庄整合到一个统一的治理体系中，是新兴的乡村精英阶层。他们向上为本责任主体单元发声，也辅助村干部向下传达国家的有关政策和

① 翟学伟：《人情、面子与权力的再生产》，北京大学出版社，2005，第 154—156 页。
② 曹虹剑、张建英、刘丹：《模块化分工、协同与技术创新——基于战略性新兴产业的研究》，《中国软科学》2015 年第 7 期。

信息，配合村级层面开展有关工作，如在环境卫生治理过程中发挥监督作用。他们是信息上传下达的桥梁。

值得注意的是，尽管户长是类似“意见领袖”的带头人，但他们并没有被区别对待。户长自己同属于责任共同体的一部分，他们不仅要遵守有关规定，还要带头将工作做得更好，没有徇私的空间。从这个意义上来说，担任户长需要有一定的责任心和奉献精神。当然，由于户长是在责任主体单元内部经民主选举产生的，因而在熟人社会里，户长作为“意见领袖”而存在。户长以其非正式权威发挥着作用，建构和维持着乡村社会秩序，可以为自己积累一定的道德和社会资本，从而获得共同体成员的普遍尊重，在一定程度上能够满足自己的内心需求。户长一经选举产生，就会得到村委会的相应授权，以保障户长具备一定的权威性，这种权威更多源于行政层面对基层制度的维护①。正式制度与非正式制度的合力，使户长在“十户一体”模式具体运作过程中起着举足轻重的作用。

三、动力机制：监督与奖惩措施

在“十户一体”模式运行的过程中，监督和奖惩机制是组织行之有效的动力来源。就监督层面而言，以村委会监督为主，以村民相互监督为辅。为保证环境卫生治理成效，村委会组织专门人员，每周对19个“十户一体”责任主体单元的环境卫生整治情况进行督查，每个季度开展一次评比打分并公示结果。对于环境治理效果好的责任主体单元，村委会颁授流动红旗。能够坚持半年或者一年卫生达标的责任主体单元，该责任主体单元中的每个

① 费孝通：《乡土中国》，北京大学出版社，2012，第100—102页。

家庭均会获得一定形式的奖励。对于不达标的，则在村委会公示栏里通报批评。如果责任主体单元内部的十户家庭中有一户的卫生清洁任务不达标，就直接影响整个责任主体单元的考评成绩。由于每个主体单元是按照“居住相邻”的原则划分的，责任主体单元内的村民可以相互监督，营造了一种“有福同享，有难同当”的氛围，因而村民往往会为了保住“面子”而积极避免这种不达标情况的发生。当然，村庄整体贫困程度较深，很少采用罚款的形式，而是采用一种权利限制的方式。在熟人社会中，无论是精神上的奖励还是物质上的奖励，都会在一定程度上被放大①。村民会认为，获得奖励是很有“面子”的事情。“整改户考察”就是将摊派任务与村民切身利益挂钩，通常是在村民环境治理任务长期不达标时采取的一种惩罚方式。这一措施使被惩罚户暂时失去自身相关权利，又在村庄中丢了“面子”，因而是一种较为严厉的惩罚措施，一般在户长的权威受到挑战后才考虑施行。

为引导和鼓励村民自觉参与到改善村庄环境卫生行动中，村委会建立了面向本村居民的垃圾“聚宝盆”兑换平台，旨在通过积分制度，鼓励村民积极捡拾村内垃圾。农户需要将捡到的垃圾投到指定地点，由管理人员清点后方可登记积分——所有的积分累积到平台的个人账户中，不允许转让。村委会根据垃圾分类情况、垃圾拾取的数量，为村民兑换相应的积分，积分累积到相应的数量后，则可以兑换一定的物品。积分兑换标准涵盖了废铁、废电池、果皮、水沟淤泥等绝大部分生产和生活垃圾，所兑换的物品以鸡精、牙膏、洗衣粉、纸巾等生活用品为主。比如，拾取 20 个烟盒可以记 1 分，累积

① 杜赞奇：《文化、权力与国家：1900—1942 年的华北农村》，王福明译，江苏人民出版社，2003，第 147—150 页。

到 3 分就可以换 1 包食用盐；拾取 1 公斤废旧塑料可以记 1 分，累积 12 分就可以换 1 瓶洗洁精。作为一个深度贫困的村庄，C 村的整体物质生活水平还处于较低阶段，即便是简单的物质奖励，如肥皂、食用盐、食用油等生活用品，对当地的村民尤其是贫困户来说，仍然具有较强的激励作用。“聚宝盆”兑换平台，实际上是一种具有导向性的激励措施，有效地将村内的一部分闲人和小孩子都调动起来，营造了一种“男女老少”全员参与环境治理的氛围，其效果远超当初的预想。

四、制度保障：村规民约重构

模块化责任共同体的形成，意味着以“十户一体”为运行载体的组织架构的初步确立，而以村落传统为基础的村规民约的约束，则是这一载体持续运行的非正式制度保障。长期以来，C 村内部社会的有效运行都依赖于一些本土化的约定，包括人际交往、伦理、孝道等，内容广泛，村民依据这些约定进行自我管理、自我服务、自我约束①，展现了乡村社会的独特的风俗习惯、思维方式与价值取向②。这些约定多数是以非制度性的形式，通过代际传递的方式被村民所熟知，长期维持了村庄内部良好的社会秩序。“十户一体”模式的探索与实施，完全在村庄内部自发展开，是村庄自我解决公共事务的典型案例。

为了保障“十户一体”各项措施顺利施行，村委会经商议将村内的传统礼俗和约定以文字的形式确定下来，并在此基础上根据村庄的发展需求，仍

① 张广修：《村规民约的历史演变》，《河南科技大学学报(社会科学版)》2000 年第 2 期。
② 周家明、刘祖云：《村规民约的内在作用机制研究——基于要素—作用机制的分析框架》，《农业经济问题》2014 年第 4 期。

然以村规民约的名义进行一定的建构，形成一个更为全面的系统的制度性安排。例如，规定不履行卫生保洁的责任者、违反规定滥办酒席的铺张浪费者、不孝顺父母者、不服从户长管理者等等，均要被列为“整改户”进行考察，考察期为一个月（考察期间不给整改户办理任何相关手续），不享受上级任何优惠政策，并由村委会最后评定是否取消考察。这些村规民约以文字的形式确立下来，便于从制度层面为村庄管理提供一种合法性依据。这些依据并非凭空捏造，并非悬浮于上层，而是依据村庄内部的文化基础建构和发展起来的，契合了村庄整体的道义逻辑和价值取向，被村民们普遍认同和接受，因而具有相应的约束力。这在相当程度上为“十户一体”的有效开展提供了制度保障。

第二节　内生动力激活与地方组织化扶贫

为了确保全面脱贫，T 县从上到下都在积极探索地方脱贫之路，“十户一体”组织化模式正是这个过程中的产物。随着精准脱贫工作的持续开展，C 村进一步将该模式应用到抱团脱贫工作中，在“产业发展脱贫”和“基层党建脱贫”两个关键领域内发挥了重要作用，极大地推动了精准脱贫工作的开展，成为组织化扶贫的重要载体。

一、基层党建脱贫：“十户一体＋党支部”

就本质而言，作为一种组织化模式，“十户一体”的核心就在于将人组织起来，为推动村庄发展提供了可能。基于“十户一体”模式的治理成效，C 村逐步将该模式拓展到村内其他公共事务中，例如防火防盗、民事调解和邻里互助等社会生活层面，创建了良好的事件处理联动机制。基层党组织建设是精准脱贫工作实施过程中执行力的保证，既强调通过中国共产党的领导对纵向的扶贫体系形成强大的约束力，又强调了基层党组织与群众紧密联系，是扶贫工作的重要内容。随着城乡人口流动加速，农村发展活力得以释放，村级组织与村民利益关联纽带日益松散，基层党组织难以将村民有效组织起来。T县通过“十户一体＋党支部”的模式，将基层党建与扶贫工作结合起来，运用到扶贫及村庄治理有关工作中，在依靠党员先锋模范作用的同时，通过党员进一步组织广大群众，开辟了基层党建脱贫的新路。具体来说，就是通过将农户以十户左右为单位捆绑在一起，入股参与合作社的经营，形成“党支部＋合作社＋‘十户一体’”的党建嵌入模式，即党建引领、抱团脱贫、合约管理的良性脱贫发展模式①，形成了新型的基层党组织形式。这成为新时代基层党组织有效组织群众的一项实践创新，大大丰富了基层党组织建设的地方经验。

为了推动“十户一体＋党支部”工作模式的落地，T县以党建扶贫作为总抓手，制定并细化了《“十户一体”工作推进方案》，将“十户一体”推进工作列入年度党建目标考核内容之中。在“十户一体＋党支部”的制度安排中，C村优先将有能力的党员推选为户长，尽量将党员均匀分散在每个责任主体中，这样可以依靠党员来组织群众，将党员的力量显性化，将党支部的作用

① 杨发祥、郭儒鹏：《嵌入、建构与增能：民族地区精准脱贫的实践探索——以贵州省T县为个案》，《江苏行政学院学报》2019年第2期。

扩大化①。党员的带头示范作用，激发了各责任主体单元内部的原生动力，组织化效果更加明显。C村利用党员户长的纽带作用，将村级层面的任务更清晰有效地传达到本责任主体单元内的村民，提高了任务执行效率。村民能够更及时准确地了解和把握有关政策内容，参与村庄公共事务的积极性不断提高。同时，党员可以将最真实的村民情况、意愿和诉求向村级层面报告，在相当程度上缓解了党支部与村民之间信息传递不对称的问题，形成了一种良性的传递和反馈机制，促进了基层党组织与群众的紧密联系。“十户一体＋党支部”工作模式既缓解了当前普遍存在的村庄“精英流失”问题，改变了农村基层组织涣散的局面，形成了“支部统领、主体落实、党员带头、群众参与”的良性发展的组织模式，也极大提高了精准脱贫相关工作的开展效率。

二、产业发展脱贫：地方扶贫产业培育

为了推进产业发展脱贫，村“两委”按照技能相似、发展意愿相同的原则，运用引导和鼓励的措施将全村农户划分为一个个责任主体单元，同时注重资源互补、优化配置，均衡地将党员、富户、一般户、贫困户等几类农户安排到一个发展主体中。农户则可通过土地、资金、人力、技术等方式“入股”，参与产业的经营管理。例如，在扶贫资金的帮助下，C村发展食用菌产业，扶贫资金投资建设大棚、购买菌棒、提供培训服务，每个责任主体单元以土地

---

① 赵凯明：《关于T县“十户一体”村庄治理模式的思考》，贵州省委组织部座谈汇报发言，2016年3月11日。

“入股”，管理一个食用菌大棚，其间可以得到相应的报酬，年底还可以根据实际效益和评比结果拿到一定奖金和分红。在产业发展过程中，“十户一体”模式还体现和应用于手工刺绣、农家乐、种植养殖等产业中。截至2016年年底，全县63个中心村组建“十户一体”责任主体有2 664个，实现农户全覆盖，新建立农民专业合作社460多个，覆盖农户5 800多户，其中贫困户有2 600多户，产业涉及银饰刺绣、种植养殖业、农家乐等。

值得注意的是，在产业发展脱贫过程中，“十户一体”模式更加趋向概念化，是“十户一体”理念应用到产业发展脱贫的生动实践。“十户一体”模式原本是便于环境卫生整治的，但在产业发展的过程中，因各农户自身的优势和发展意愿不同，责任主体单元的划分突破了居住地理位置的限制。如在食用菌的产业项目里，不同农户会依据耕地位置相邻的原则进行组合，以便形成规模化优势。实践表明，基于耕地地理位置的划分，将十户左右的家庭作为责任主体单元，形成一个较为有效的规模，更易于把握和管理。当然，在产业发展过程中，有时也突破了“十户”这一数量规模的限制，出现了一个主体单元低于或者高于“十户”的情况。但总体而言，由于产业发展脱贫主要在村庄内部展开，各个责任主体单元的规模都不会太大，往往处于一个可控的规模范围内。随着“十户一体”模式内涵的不断拓展与衍生，它的影响力逐步渗透到当地村民生产和生活的方方面面。

三、脱贫成效：普惠式发展与整体性提升

自精准脱贫工作开展以来，T县通过对4.95万贫困户进行精准识别和精准扶贫，全县贫困发生率显著下降。2017年，全年贫困户累计减少了

2 679 户，计 11 438 人，农村居民贫困发生率下降至 16.45%，减贫效果显著，但与全国农村平均贫困发生率相比仍高出 13.45%。T 县针对贫困户漏评、错评情况进行了动态调整，截至 2018 年年底，尚未脱贫的还有 6 296 户，计 25 063 人，贫困发生率回升到 17.5%，贫困治理任务仍然十分艰巨。2016 年全县农民人均可支配收入达到 6 819 元，2018 年全县农民人均可支配收入达到 8 402 元。“十户一体”模式是将村庄整体作为组织化的对象，在这个过程中，受益对象除了贫困户，还包括被整合在其中的所有村民。相比于一些只针对贫困户定制的特惠式扶贫政策，“十户一体”模式体现了熟人社会里协作发展的朴素价值观，提升了全体村民的获得感，有助于村庄内部达成共识，从而促进村庄内部的社会团结，最终从整体上提升了村庄的经济社会发展水平。它所带来的利益是普惠性和持续性的，是一种益贫性的社会政策。“十户一体”发展模式的有效性受到了国家、省、市领导的高度重视，引得周边县、市纷纷前来“取经”。T 县党政领导班子将“十户一体”模式列为县域发展的一项战略性方针，在全县范围内的乡镇、村庄内推广运用，并鼓励各基层单位以“十户一体”模式为基础，探索和拓展适合本地发展的新路径。

在“十户一体”抱团脱贫模式的推动下，C 村充分利用外部的项目、资金等帮扶资源和内部强户带弱户、富户帮穷户等帮带方式，实现农户取长补短、互促共进，将村庄打造成 T 县休闲观光农业示范园区核心区之一。2018 年上半年，C 村集体经济收益达 23 万元，主要来自农文旅产业发展有限公司的乡村旅游收入。根据利益共同体和公司考核办法的规定，C 村“两委”将其中的 2.23 万元用于基础分红，实现全村全覆盖，户均收益 100 元。同时，将 20.864 万元用于绩效分红，其中苗乡大舞台表演主体获得 12.08 万元、农家乐经营主体获得7.1万元、独木龙舟表演主体获得1.684万元。从各户绩效分红来看，分到红利最多的贫困户可得3 600元，最少的也有465元。[①] “十户一体”抱团脱贫模式，拓宽了群众的增收渠道，增强了当地精准脱贫的效果。截至2018年年底，全村可支配收入达到10 000元，贫困户从2014年的67户284人减少到7户18人，贫困发生率从28%降到了1.76%，脱贫成效十分显著。

第三节 “十户一体”：内生性发展模式的可能路径

作为一种地方性探索经验，“十户一体”模式形成了具有较强整合能力的组织架构，并有一套内部约束的文化机制，在推动当地农民组织化、提高扶贫效率和效益方面发挥了重要作用，从而有别于传统的组织化形式。从社会工作的角度看，这其实是利用地方既有资源重新建构了一个基层组织有效运行的环境，充分挖掘了地方资源内在的优势，是一种内源性治理方式。进一步从内源性发展（endogenous development）视角来看，随着以行政干预和政策供给为基础的外源驱动的有限性日益凸显，“十户一体”模式与内源驱动具有较强的耦合性，使以共同体集体行动为基础的内源性发展成为一种可能。

一、行政干预与政策供给：外源驱动的有限性

长期以来，在农村组织化实践过程中，不少地方往往以政策导向和地方

① 龙承元：《T县长滩：23万村集体经济分红迎州庆》，《黔东南益农信息》2018年7月20日。

政府的行政干预，以及一些企业的盈利行为等外源因素为驱动力。在外源驱动占据组织化主导地位的情况下，村庄内部往往处于一种被动配合的状态，组织化的探索常常流于形式，难以从根本上起到应有的作用。外源驱动是一把双刃剑。外源因素的强势介入确实会导致村庄发展的主体性丧失。然而，外源因素可以有效打破村庄内长期形成的经济社会发展壁垒，从而推动村庄发展从"慢车道"向"快车道"转轨。当前的精准扶贫工作正是依靠外部资源的强力嵌入才得以有效开展的。要跳出"低水平均衡陷阱"，就必须通过强有力的外力嵌入，创建与其相匹配的体制机制、发展环境，释放社会活力。作为民族地区贫困治理的先行环节，外力嵌入是一种常用的方法。民族地区薄弱的发展基础和现实的脱贫需求对嵌入的内容和形式提出了更高的要求，即要从一个较为宏观的视角开展统筹规划，对有关资源进行协调、分类、组合，通过理念更新与政策嵌入、行政帮扶与主体嵌入、党建引领与组织嵌入，形成一个具有结构性意义的多维嵌入体系，以保证嵌入的针对性和有效性，保证多方资源的有效下沉，为后续工作的开展打下基础。① 当然，内源驱动是根本性的，外源驱动的效应是有限的。

作为一个深度贫困的村落，C 村的地理位置相对封闭。环境卫生是一个长期累积的历史性问题，与当地村民的生活习惯互为因果，多数村民甚至认为那是农村生活的常态，一直未形成从根本上解决这一问题的强烈动力。环境治理需要一定的成本，显然它还不能成为 C 村的工作重心。作为一种

① 杨发祥、郭儒鹏：《嵌入、建构与增能：民族地区精准脱贫的实践探索——以贵州省 T 县为个案》，《江苏行政学院学报》2019 年第 2 期。

运动式的治理工作[①]，精准扶贫体现的是国家对底层贫困群众生活的政治关怀，需要通过自上而下的压力型体制来强制推动。发展旅游观光产业，是乡镇层面根据C村的自然资源与区位优势量身定做的脱贫之路。发展旅游产业，对C村的环境卫生提出了更高的要求。同时，扶贫资源的嵌入，又为村庄环境治理提供了便利条件。由此可见，C村环境治理工作是借助国家精准扶贫工作所形成的外力推动的，这种基于冲击—反应的内部探索一开始还是比较被动的。国家贫困治理的决心与C村进行的积极的自我探索，共同催生了“十户一体”模式的生动实践。从这个意义上说，我们需要正确地认识外源因素的两面性，积极引导和发挥其有益的功能，同时处理好外源驱动与内源驱动的关系，防止从一个极端走向另一个极端。

二、“十户一体”模式与内生性驱动的耦合性

“内源”一词，本义是指生物有机体发育的内部自组织过程，外部的因素可以起到推动作用，但不能决定生命有机体自身的发展。[②] 20世纪70年代，为反思政府主导的技术—现代化发展模式而出现的“现代化断层”和“有增长无发展”，“内源性发展”理念被提了出来，主要包括“发展的内生性”“以人为本”“本地居民的参与”等三个方面。[③] 目前，我国大多数贫困村落受地理

① 周雪光：《中国国家治理的制度逻辑：一个组织学的研究》，生活·读书·新知三联书店，2017，第125页。

② 阿卜杜勒-马利克：《发展的新战略》，黄高智、杜越译，中国对外翻译出版公司，1990，第185—187页。

③ 钱宁、卜文虎：《以内源发展的社会政策思维助力“精准扶贫”——兼论农村社会工作的策略与方法》，《湖南师范大学社会科学学报》，2017年第3期。

位置的隔断和传统的小农习性的影响，社会结构呈现同构、封闭、松散、稳定等特点，自我组织能力很低，难以形成目标一致、利益统一的有机体。组织化程度低，既是造成这些地区农户贫困的原因，也是他们摆脱贫困的主要障碍。能否跳出扶贫的制度性陷阱，取决于农民组织的数量、规模、形式和效率。① 长期以来，为满足国家管理和控制的需要，农村的组织化探索大多是“他组织”力量被行政嵌入农村社区中，脱离了农村社会生活的实际，弱化了村落作为生活共同体的功能，使农村社区内自助与互助合作的集体精神丧失。② 这种传统的组织化形式，往往是以外源力量为主导而形成的，在组织运行过程中常常因缺乏生命力而不能持续有效地发挥作用，最后往往沦为一种有名无实的组织形式。无论是组织化探索的既有经验，还是贫困村落发展的现实困境，都说明村落内部的驱动力是至关重要的。当然，内源驱动并不排斥外部力量，内源性发展并不排斥外部干预，但强调在发展过程中自身的话语权和主导权③。

“十户一体”模式产生的背景具有一定的特殊性，但是作为一种有效的发展模式，它不仅回应了当前农村组织化的困境，更与内源驱动具有高度的耦合性。首先，“十户一体”模式将十户左右农户作为一个责任主体单元捆绑发展，以户长为纽带，形成了村委会、户长、责任主体三方构成的金字塔式组织形态，将村庄的全体村民整合到同一个体系框架中，改善了村庄内原有

① 胡敏华：《我国农村扶贫的制度性陷阱：一个基于组织的分析框架》，《财贸研究》2005年6期。

② 钱宁：《农村发展中的新贫困与社区能力建设：社会工作的视角》，《思想战线》2007年第1期。

③ 黄高智等编著《内源发展——质量方面和战略因素》，陈雅丽、边文龙等译，中国对外翻译出版公司，1991，第173—175页。

的“各自为战”的分散状态，形成了组织化得以实现的基本架构。其次，与传统的组织形式相比，“十户一体”规模小、容易控制，行政意味更淡，具有更高的自我管理效率；责任主体单元内部推选的权威人物，既是本乡本土的“熟人”，又是具有示范作用的“能人”，是有力的内部驱动因子。最后，“十户一体”模式的奖惩机制、村规民约等制度性保障，也是村庄内源驱动力的表现形式。“十户一体”模式的内涵不断丰富，渗透到村庄公共事务的各个方面，推动了村庄的整体发展。同时，“十户一体”模式迅速在全县得到推广，并辐射到周边县、市，与不同村庄的文化形态相结合，成为具有本地发展特色的重要载体。由此可见，“十户一体”模式具有可复制和可持续的双重特征，是一种具有强大生命力的组织形式，获得了村庄内外的共同认可，为深化农民组织化研究提供了一次理论和实践上的尝试。

三、共同体集体行动与内生性发展的可能性

在“十户一体”模式探索过程中，个体利益与集体利益的高度关联使共同体集体行动成为可能。正如曼瑟尔·奥尔森（Mancur L. Olson）所强调的，实现集体行动的核心在于克服“搭便车”现象。只有通过新的制度安排推动外部性因素的内部化，即将集体收益转化为个人收益，才能充分激励个人参与集体行动。集体行动要达到集体利益的“帕累托最优”，关键在于实施选择性激励①，区别对待集体行动中的积极行动者和消极行动者。C 村原本处于分散无序的状态，很容易产生“搭便车”行为。但是，“十户一体”的制

① 曼瑟尔·奥尔森：《集体行动的逻辑》，陈郁、郭宇峰、李崇新译，上海三联书店，1995，第 41—42 页。

度安排强调责任主体内“有福同享，有难同当”，即个人利益与集体利益密切相关。当责任主体满足考核要求时，集体利益就会转化成个人利益，实现外部利益的内部化；当责任主体内部有一户考核不达标时，就会影响集体利益，责任主体可能面临惩罚，个人责任趋于外部化。这种利益相关的约束机制可以有效避免“搭便车”现象，使村庄治理从无序走向有序。从宏观角度来看，作为一个利益相关的共同体，C村在“十户一体”实践模式推动下，壮大了集体经济，并通过整体分红的方式，再次实现了外部利益的内部化，形成了有效的激励效果，进一步推动了村庄共同体集体行动的实现。

一个成功模式的形成，往往是一项系统工程，大致可以从组织化的环境、形式架构、运作、制度等四个维度展开。① 首先，C村保留了较为明显的以地方文化为基础的熟人社会特征，这是“十户一体”模式最重要的背景环境。C村地处贵州大山深处，苗族人口高度聚集。地理环境和语言的双重约束，在相当程度上限制了C村与外界社会的信息交流。它逐渐与外部社会发展节奏相脱节，形成了封闭的社会发展样态，贫困问题也长期持续。也正是因为这种封闭性，更好地保留了熟人社会的特征，包括地方生活群体长期以来形成的生活习惯、价值观念和社会约束机制等，成为地方文化的重要组成部分。在熟人社会中，村民对“面子”的珍视，潜移默化地影响了村民的行为，这正是“十户一体”模式得以成功的内在因素。其次，就形式架构而言，村庄原有的组织架构包括村委会和村民小组等组织形式，与其他村庄没有什么区别。“十户一体”模式将整个村庄的村民整合到同一个框架体系中，

① 李长健、伍文辉、涂晓菊：《和谐与发展：新农村文化动力机制建构研究》，《长白学刊》2007年第1期。

具有更高的联防和机动性，成为村庄内部原有组织形式与组织功能的重要补充。再次，在运作层面上，“十户一体”模式主要是通过户长这一中间角色，将村委会和村民联系起来，形成了高效的执行和反馈机制。最后，在制度层面上，“十户一体”模式主要依靠有形和无形两类制度，确保工作持续推进。有形制度主要包括村规民约、奖惩制度、引导机制等，无形制度则更多通过长期内化于村民意识中的价值观念发挥作用，正如费孝通在《乡土中国》中所提到的只能“意会”的一些东西起到约束作用[①]。

本章小结

社会工作参与贫困治理，需要考虑的是如何将自身作为外部力量的优势更好地凸显出来，推动内源性的组织发展，既要对自身角色准确定位，又要保证外生性因素与内源性因素平衡，确保内源性因素在实践过程中的主导地位，确保基层群众能够广泛参与，确保与地方文化和价值体系相结合，以达到组织化扶贫的目的。分散的小农经济如何适应社会化发展的要求形成组织，以维护和发展自身的权益，是农民组织化研究的理论起点。[②] 近年来，农民组织化从外生性到内源性的研究转向，是对农民组织化发展困境的一种回应。作为一种地方内部实践探索的结果，“十户一体”模式源于村庄环境治理的现实需求，后被应用到抱团脱贫等村庄公务事务的各个方面，在实践层面超出了制度设计的最初目标，形成了一种村庄内源性发展模式。

① 费孝通：《乡土中国》，北京大学出版社，2012，第 27 页。
② 马克思、恩格斯：《马克思恩格斯全集》第 39 卷(上)，人民出版社，1975，第 133 页。

这种对内源性的挖掘与社会工作开展的理念形成呼应。“十户一体”模式对社会工作参与贫困治理形成的启发是，通过对内源性的发掘，将分散的村民组织起来并整合在统一的框架体系中，进而提高地方扶贫工作的效率。当然，本章研究对象具有一定特殊性，C村是一个长期处于封闭发展环境中的少数民族村落，内部保留了较为完整的熟人社会特征。作为一个典型的深度贫困村落，C村在精准扶贫的背景下获得了来自各方面的资源扶持，这些因素在“十户一体”模式的探索过程中起到了重要的推动作用。

第五章　嵌入、建构与增能：民族地区精准脱贫的实践探索*

全国进行脱贫攻坚战的重要时期，也是我国全面建成小康社会的关键时期。民族地区的精准脱贫是实现全面建成小康社会的其中一环，社会工作也在积极探索参与贫困治理的路径。本章在梳理民族地区精准脱贫研究四种视角的基础上，以“嵌入—建构—增能”为整合性分析框架，通过对贵州省T县的经验考察，系统探讨结构性嵌入与资源下沉、系统性建构与土客共生、全方位增能与社会改造的展开逻辑，立体化呈现了民族地区精准脱贫的实践探索，既对有效破解贫困治理中长期存在的碎片化困境具有重要的理论价值与现实意义，同时又为社会工作本土化及其介入贫困治理提供了一套地方经验。社会工作参与贫困治理，如何从整体性治理的视角出发，优化

* 本章引自：(1) 杨发祥、郭儒鹏：《嵌入、建构与增能：民族地区精准脱贫的实践探索——以贵州省T县为个案》，《江苏行政学院学报》2019年第2期；(2) 郭儒鹏：《结构、文化与行动：民族地区贫困治理的实践探索——基于贵州省T县的经验研究》，博士学位论文，华东理工大学，2019。部分内容有修改和延伸。

整合现有资源，形成一个系统治理的模式，提高贫困治理水平，是一个值得深入探讨的重要问题。

第一节　理论基础与分析框架

1986 年，我国将扶贫开发列为国家战略，贫困治理成为农村社会发展的重要工作内容。经过 30 多年的发展，我国基本上解决了大部分农村人口的温饱问题，明显改善了贫困地区的基础设施和生产生活条件。近些年来，随着精准脱贫工作的稳步推进，我国贫困治理政策出现了阶段性调整，嵌入式治理逐步走向台前，成为国家介入地方治理的有效模式。

一、民族地区精准脱贫研究的四种视角

民族地区是精准脱贫的主战场。中国有 14 个集中连片特困地区，其中民族地区占了 11 个。民族地区特别是深度贫困民族地区的精准脱贫，是中国阶段性脱贫攻坚的重中之重。民族地区的精准脱贫研究主要聚焦于地理空间、可行能力、贫困文化和嵌入性四种视角。

（一）地理空间视角

1997 年，贾兰(Jalan)和拉瓦雷(Ravallion)提出了“地理资本”概念，试图探寻“空间贫困陷阱”。其内涵是将各种资源的空间分布归结为一个地区的地理资本，强调特定空间范围内自然、社会资源的不均衡分布对贫困的影响。① 由

① Jyotsna Jalan and Martin Ravallion, “Transient Poverty in Post Reform Rural China,” *Journal of Comparative Economics* 26, no. 2 (1998): 338 - 357。

于自然环境是空间范围的基础，空间视角特别强调自然资源禀赋的抑制与生态循环约束对贫困的影响。多数深度贫困的民族地区的自然环境恶劣，地理位置偏远，自然特征复杂多样，生态环境脆弱。因此，从地理空间视角来看，民族地区经济社会的低水平发展，源于其有限的"地理资本"。贫困源于自然，但对贫困的治理需要尊重自然。对自然进行一定程度的改造是需要的，但更重要的是，引导深度贫困民族地区的经济与社会发展从自然依赖型向市场主导型转变。①

（二）可行能力视角

阿马蒂亚·森将贫困与人的可行能力联系起来，认为贫困的形成不仅是因为收入低下，更重要的是人的基本可行能力被剥夺。② 可行能力理论通常将贫困治理聚焦于贫困主体的能力发展层面。研究发现，大量前期资金投入并没有解决民族地区的贫困问题，源于贫困治理过程中经常忽视贫困的主体性③。与物质扶贫相比，民族地区贫困主体的能力建设是摆脱贫困的重点与核心。尽管能力是一个抽象概念，其内化于人、难以客观量化，表现在个体处理问题的技能和技巧上，但是却可以通过可持续的教育培训得以提升。④ 因此，多数学者提出从人的现代化角度出发，对贫困主体开展相应的人力资本投资、提供标准化公共服务、培育管理相关技术人才、进行扶贫

① 王明黔、王娜：《西部民族贫困地区反贫困路径选择辨析——基于空间贫困理论视角》，《贵州民族研究》2011 年第 4 期。

② 阿马蒂亚·森：《以自由看待发展》，任赜、于真译，中国人民大学出版社，2012，第 86 页。

③ 鲁建彪：《关于民族贫困地区扶贫路径选择的理性思考》，《经济问题探索》2011 年第 5 期。

④ 梅英：《论民族地区经济发展与文化保护的两难问题》，《楚雄师范学院学报》2013 年第 5 期。

立法保障等，逐步激活民族贫困地区的内生动力，以期增强贫困群体在脱贫过程中的主体性，这正是亚历克斯·英格尔斯关于人的现代化理论的要义所在，也是西奥多·舒尔茨（Theodore W. Schultz）关于人力资本理论的要义所在。

（三）贫困文化视角

刘易斯的贫困文化论认为，贫困人群处在贫困的生活条件下，面对问题时会形成一种特有的行为方式，成为贫困人群的共同特征，由此产生共同的价值理念、态度、方式和行为逻辑，最终成为一种拥有自身结构与理性的社会亚文化。① 研究者往往从优势与劣势两个方面辩证看待民族文化：一方面，民族地区贫困的根源在于贫困文化的形成。扶贫不仅要扶物质，更要扶精神、扶智力、扶文化，即将扶贫与扶志、扶智相结合。贫困地区经济社会发展可以靠外界援助得以促进，但在贫困文化的持续影响下，民族地区发展的主体性和可持续性难以保障。民族地区要实现精准脱贫，必须改造贫困文化、重构反贫困理念、开展贫困主体性教育。② 另一方面，贫困治理要建立在尊重民族文化的基础之上，同这些文化建立起水乳交融的联系。这不仅直接影响到民族地区反贫困的内在动力和机制建构，而且关系到能否通过保护和挖掘民族地区特有文化来实现脱贫。③ 贵州省黔东南苗族侗族自治州提出“要用好民族文化这个宝贝”，正是基于对该理论的现实考量。

---

① Oscar Lewis, *Five Families: Mexican Case Histories in the Culture of Poverty* (New York: Basic Books, 1966), pp. 103 - 105.

② 王晓晖：《民族地区精准扶贫与社会文化基础》，《北方民族大学学报》2017 年第 3 期。

③ 戴庆中、李德建：《文化视域下的民族地区反贫困策略研究》，《贵州社会科学》2011 年第 12 期。

（四）嵌入性视角

“嵌入性”概念最早是由匈牙利学者卡尔·波兰尼提出的。他认为，市场经济只有在市场社会中才能运转。[①] 国内有关嵌入性的研究，始于20世纪60年代。21世纪初，这一概念被引入乡村社会治理研究，并主要聚焦在乡村嵌入式治理的必要性和有效性两个方面。随着贫困治理工作的逐渐深入，工作内容和对象也越来越具体。中国农村贫困治理工作经历了从大区域粗放式扶贫阶段到当前小范围精准到户、到人的精准脱贫阶段的转变。[②][③] 贫困治理的精准性要求推动了中国贫困治理模式从依靠村干部转向了依靠驻村干部展开。很多学者将这种模式称为嵌入式贫困治理模式[④][⑤]。该模式在不破坏村民自治格局的前提下，通过外部嵌入方式引导各类资源进入贫困村，与贫困户的脱贫需求精准对接，较好地实现了“工业反哺农业、城市反哺乡村”。该模式初步解决了很多贫困村普遍存在的“自治失灵”问题，优化了所驻村庄的治理结构[⑥]，在国家和乡村互动中具有很好的融合作用，是实现国家治理体系和治理能力现代化的重要内容[⑦]。在当前全

---

① 卡尔·波兰尼：《大转型：我们时代的政治与经济起源》，冯刚、刘阳译，浙江人民出版社，2007，第49—50页。

② 刘小珉：《贫困的复杂图景与反贫困的多元路径》，社会科学文献出版社，2017，第6—7页。

③ 汪三贵、刘未：《“六个精准”是精准扶贫的本质要求——习近平精准扶贫系列论述探析》，《毛泽东邓小平理论研究》2016年第1期。

④ 袁立超、王三秀：《嵌入型乡村扶贫模式：形成、理解与反思——以闽东南C村“干部驻村”实践为例》，《求实》2017年第6期。

⑤ 刘涛、王震：《中国乡村治理中“国家—社会”的研究路径——新时期国家介入乡村治理的必要性分析》，《中国农村观察》2007年第5期。

⑥ 孔德斌：《嵌入式扶贫的悖论及反思》，《理论与改革》2018年第2期。

⑦ 邹荣：《嵌入式治理在当代中国乡村社会应用逻辑与运行模式研究》，《云南行政学院学报》2015年第2期。

国大规模开展的贫困治理工作中，嵌入式贫困治理无疑已经成为一种普遍推行的模式，然而在嵌入式贫困治理过程中，存在部门与组织的职能边界不明晰、嵌入过度等问题。我们发现，在精准脱贫工作过程中常常出现贫困户识别不精准、帮扶缺乏差异化、扶贫资源分配比例失调、政策执行效率低等问题①②。这些进一步加剧了治理碎片化、资源传递障碍与分配失衡等问题。

总的来说，在深度贫困的民族地区，贫困问题具有高度复杂性。从结构—文化视角向嵌入式视角的转换，反映了民族地区精准脱贫的研究转向，体现了理论界对贫困治理的现实关怀。嵌入式视角的提出，在相当程度上对民族地区贫困治理的复杂性作出了回应，即通过以国家为主的外部力量的“嵌入”，破解农村内部发展的深层问题，展现国家的制度优势和强大的动员能力。然而，在嵌入式贫困治理过程中，多部门、多主体治理的碎片化问题，始终是一个难以破解的困境。当前的嵌入式贫困治理模式，尚未从更宏观的角度对贫困治理工作形成整体性观照和系统性整合。作为一种治理模式，嵌入性贫困治理是一个有序的系统工程，具有一定的阶段性和约束条件。“嵌入”作为一种有效的贫困治理模式，与社会工作的服务模式具有内在的相通性，社会工作能够从更具体的层面介入，弥补当前贫困治理的不足。就民族地区的贫困治理而言，具体从哪些方面嵌入，嵌入后该如何具体运作，最终要达到一个什么样的目标，在嵌入式贫困治理的基础上，如何从

① 葛志军、邢成举：《精准扶贫：内涵、实践困境及其原因阐释——基于宁夏银川两个村庄的调查》，《贵州社会科学》2015 年第 5 期。

② 唐丽霞、罗江月、李小云：《精准扶贫机制实施的政策和实践困境》，《贵州社会科学》2015 年第 5 期。

社会工作的介入角度，探索一种整体性贫困治理模式，消除当前贫困治理碎片化的困境，是实践层面留给社会科学界的一个重要命题。

二、从整体性治理到“嵌入、建构与增能”

（一）整体性治理：去碎片化的理论探索

20 世纪 90 年代中后期，继新公共管理理论之后，整体性治理理论兴起，它是对于政府管理变革的新探索。[①] 1997 年，针对政府管理碎片化的问题，英国政府率先推出公共部门的协调与整合改革运动。佩里·希克斯（Perry Hicks）认为，政府组织在手段和目标之间的冲突问题源于政府组织间的碎片化发展，属于不同政府组织“间”的问题，而不是政府组织“内”的问题。整体性治理的路径，应根据公民需求，以现代化手段为基础，通过协调、整合、紧密发展三个阶段来完成。[②] 由此可见，整体性治理追求的是一种渐进与系统的整合性治理方式，以期解决长期存在的碎片化问题。

近年来，整体性治理理论受到国内学者诸多关注。张立荣、曾维和在服务型政府建设改革研究的基础上提出了整体性治理理念，强调运用恰当的技术手段，加快政府治理结构改革。[③] 胡象明、唐波勇认为，只有政府间建立

---

① 袁坤：《整体性治理视角下西部农村地区协同扶贫机制研究》，博士学位论文，华中师范大学政治学研究院，2017，第 15 页。

② Hal G Rainey, “Governing in the Round: Strategies for Holistic Government Perri 6, Diana Leat, Kimberly Seltzer, and Gerry Stoker; London, Demos, 1999, 96 pages,” *International Public Management Journal* 3, no. 1(2000): 145 - 148.

③ 张立荣、曾维和：《当代西方“整体政府”公共服务模式及其借鉴》，《中国行政管理》2008 年第 7 期。

合作共赢、互通共连的信任整合机制，才能构建整体性政府。① 黄滔将整体性治理理论与新公共管理理论、无缝隙政府理论、网络化治理理论、协同治理理论分别做了对比分析，认为整体性治理理论是一种更成熟、更系统、更具前瞻性和现代化意识的新的行政理论典型范式，是 21 世纪有关政府治理的宏大理论(grand theory)。② 张玉磊提出，作为一种对复杂社会问题的现实回应，整体性治理理论契合了公共事务尤其是跨界公共事务治理的现实需要，适应了公共需求和公共资源的多元化趋势。③

可见，整体性治理理论的内涵在不断丰富着，主要体现在三个层面：其一，注重跨界合作与整合，包括政府内部职能部门与机构的合作与整合，也包括政府以外的市场和社会等主体作用的充分发挥；其二，强调以公民需求和问题解决为治理导向与资源整合的基础，以实现公共利益最大化；其三，强调以制度、文化、价值观等软实力为切入点，从整体上增强社会治理的能力。

（二）分析框架："嵌入—建构—增能"

基于整体性治理的理论意涵，对照贫困治理的四种理论视角，结合中国贫困治理的基本语境和 T 县精准脱贫的实践经验，本章提出"嵌入—建构—增能"的整合性分析框架。其一，嵌入是一个主体协调的过程，即对贫困治理的总体方针和参与主体类型进行协调确认，通过一定的载体，借助外部力

① 胡象明、唐波勇：《整体性治理：公共管理的新范式》，《华中师范大学学报(人文社会科学版)》2010 年第 1 期。
② 黄滔：《整体性治理理论与相关理论的比较研究》，《福建论坛(人文社会科学版)》2014 年第 1 期。
③ 张玉磊：《整体性治理理论概述：一种新的公共治理范式》，《中共杭州市委党校学报》2015 年第 5 期。

量介入一个固化的社会结构内部，或是打破原有僵化的社会格局，促进扶贫资源的进一步下沉，从而提高贫困治理工作的效率。其二，建构是一个目标与方法不断调适的过程。由于贫困地区自身基础薄弱，发展要素缺失，因而需要提供一些适应当下治理需求并不断动态调整的发展条件，对各种资源进行优化重组，形成一个系统的、整体性的治理体系。其三，增能是一个促进受助人员自我成长和自我发展的过程。贫困区域内的个体、群体、组织，在增强自身能力的同时，相互配合，形成合力，最终促进贫困区域社会的整体增能，这样才能从根本上摆脱贫困。因此，“嵌入—建构—增能”是整体性贫困治理框架的三个不同阶段，具有逐步递进的逻辑关系。嵌入是建构的前提，为建构提供必要的可行条件，建构是一个社会改造的过程，而增能则是嵌入、建构的目标和结果。

第二节　结构性嵌入与资源下沉

借助专业社会工作团队进行直接介入和干预是开展社会工作的普遍方式。作为民族地区贫困治理的先行环节，外力嵌入亦是一种常见的方式。民族地区薄弱的发展基础和现实的脱贫需求，对嵌入的内容和形式提出了更高的要求。相对于社会工作的微观干预来说，国家层面的嵌入则从一个较为宏观的视角展开统筹规划，对有关资源进行协调、分类、组合，通过理念更新与政策嵌入、行政帮扶与主体嵌入、党建引领与组织嵌入，形成一个具有结构性意义的多维嵌入体系，以保证嵌入的针对性和有效性，保证多方资源的有效下沉，为后续工作的开展打下基础。

一、T县贫困现状与特征

T县地处贵州省东南部，位于黔东南苗族侗族自治州中部，总面积为1 115平方千米，耕地面积为62.13平方千米。截至2018年6月，全县人口为17万人，其中苗族人口占全县总人口的98%，农村户籍有14.11万人。156个建制村中，贫困村有93个。2014年，全县贫困发生率为28.8%，属于典型深度贫困的“老、少、边、穷”地区。自精准脱贫工作开展以来，通过对4.95万贫困户进行精准识别并帮其脱贫，全县贫困发生率显著下降。2017年，全年贫困户累计减少2 679户，计11 438人，农村居民贫困发生率下降至16.45%，减贫效果显著，但与全国农村平均贫困发生率相比仍高出13.45%。截至2018年8月，T县尚未脱贫的还有6 293户，计25 052人，占该县总贫困人口的42%，贫困治理任务仍然十分艰巨。

在精准脱贫工作大规模开展以前，由于自然与地理条件的约束，T县的县域环境较为封闭，与外界的社会和市场联系有限，没有形成具有一定规模效应的支柱产业，县域经济长期处于一种低水平发展状态，所辖范围内的贫困村有相当一部分还处于比较原始的自然经济状态。尽管国家层面给予T县不少政策倾斜和资源扶持，但贫困落后的面貌没有从根本上得以改变，而是陷入了一种“低水平均衡陷阱”中。正如纳尔逊（Nelson）所言，在没有外力推动的情况下，低水平均衡陷阱是一种无法被打破的均衡现象，因为仅仅依靠贫困地区的自身发展是不能得到解决的。① 因此，要跳出低水平均衡陷

① Richard R Nelson, “A Theory of the Low-Level Equilibrium Trap in Underdeveloped Economies,” *The American Economic Review* 46, no. 5(1956): 894 - 908.

阱，就必须通过强有力的外力嵌入，建构与其相匹配的体制机制、发展环境，进而释放社会活力。

二、理念更新与政策嵌入

理念是行动的先导。从认知层面来看，脱贫理念决定了贫困治理工作的思路。2011 年 11 月，中共中央决定将农民人均纯收入 2 300 元(2010 年不变价)作为最新的国家扶贫标准。同年 12 月，《中国农村扶贫开发纲要(2011—2020 年)》又要求各行业部门将资金、项目等方面的资源向贫困地区倾斜。2013 年 11 月，习近平首次提出“精准扶贫”这一全新的概念，推动了贫困治理的战略性转型。同年 11 月 29 日，《中共中央 国务院关于打赢脱贫攻坚战的决定》提出，精准脱贫要符合创新、协调、绿色、开放、共享的新发展理念，围绕实现贫困人口“两不愁三保障”，通过“五个一批”①和“六个精准”②等系列举措，确保到 2020 年实现农村贫困人口全面脱贫。③ 脱贫政策的嵌入是贫困治理的基础。中央层面陆续发布规范性文件，形成了较为完备的精准扶贫政策体系。《贵州省大扶贫条例》在中央精准扶贫的政策框架内，贯彻精准扶贫、精准脱贫的基本方略，坚持以人为本的“三扶”(扶人、扶志、扶智)工作理念，遵循政府主导、社会参与、多元投入、群众主体的原则，围绕贫困户的“识别、帮扶、退出”等环节，相继出台了一系列配套政策和规

① 五个一批：发展产业脱贫一批、发展教育脱贫一批、生态补偿脱贫一批、易地搬迁脱贫一批、社会保障兜底脱贫一批。

② 六个精准：扶贫对象精准、措施到户精准、项目安排精准、资金使用精准、因村派人(第一书记)精准、脱贫成效精准。

③ 郭儒鹏、王建华、罗兴奇：《从“嵌入”到“互嵌”：民族地区贫困治理研究的视角转换——基于贵州省 T 县调研》，《贵州社会科学》2019 年第 11 期。

范性文件，全力推进脱贫攻坚，施行具有本省特色的“33668”扶贫攻坚计划和精准扶贫“十项行动”。《贵州省大扶贫条例》还规范了扶贫原则和细则，涉及产业、教育、医疗、社会保障、党建等内容，制定了建档立卡、易地扶贫搬迁等“1+6”政策措施、“精准扶贫云”工程、“33112”比例投向、包干扶贫贫困村责任制、产业精准扶贫等具体的政策措施。中央和贵州省两级层面的扶贫政策，构成一个日臻完善的贫困治理政策体系，成为T县基层脱贫实践工作的指挥棒。

三、党建引领与组织嵌入

党建引领体现为一种方向性引导和执行力，具有很强的中国特色。组织嵌入通过领导班子和领导干部的示范带头作用来促进精准脱贫工作的顺利开展。作为一种制度性的安排，组织嵌入是地方性创新和一个统一的泛利性执政党的结合①，成为精准脱贫工作执行力的重要保证。党的领导具有很强的约束力，“五级书记（省、市/州、县、乡镇、村）一起抓”精准扶贫工作，自上而下保证了脱贫领域的政策一致性和资源的有效运转。T县的党建嵌入不是只停留在上层建筑领域，而且下沉到了最基层的脱贫实践过程中。通过发挥党员的动员、带头和协调作用，为政策与组织的有效嵌入提供了强大的内驱动力；通过基层党建的有效开展，如基层党组织培训、选派“第一书记”、同步小康驻村工作队等方式，有效嵌入镇、村的精准脱贫工作中；通过将农户以十户左右为单位捆绑在一起，入股参与合作社的经营，形成“党支部+合作社+‘十户一体’”的党建嵌入模式，即党建引领、抱团

① 孙兆霞：《政治制度优势与贫困治理》，湖南人民出版社，2018，第12—13页。

脱贫、合约管理的良性脱贫发展模式，大大丰富了地方基层党组织建设的经验。

四、行政帮扶与主体嵌入

精准脱贫工作的有效开展，有赖于行政帮扶的强度与主体嵌入的层级和类型。从垂直部门来看，中央和地方各级行政主体的部门下沉，是体现中央政治权威和国家意志的强嵌入形式。自 2016 年以来，T 县的贫困治理组织架构中，有定点帮扶的中直部门(中组部)1 个、挂职干部 6 人，省级帮扶单位 4 个(省内 3 个、省外 1 个)，州级帮扶单位 47 个，县级帮扶单位 87 个。全县参与结对帮扶的干部达 3 000 余人，覆盖全县 156 个村的全部贫困户，覆盖率达 100%，形成了中央、省、州三级组织部门层层嵌入县、乡镇、村的帮扶模式。从横向来看，东西扶贫协作是一种有效的模式，企业和社会组织也成为激活市场的重要形式。杭州市余杭区与 T 县 9 个乡镇 9 个村开展对口帮扶，浙江大学二附院对口帮扶 T 县人民医院，帮助 T 县培训乡镇医生，逢周六、日派医生赴不同的乡村开展义诊活动，普及现代化卫生医疗知识，还为 T 县人民医院提供人力、设备、资金等多种类型的资源，明显改善了 T 县的整体就医环境，提高了 T 县的医疗水平。浙江大学、浙江大学教育基金会均与 T 县达成了帮扶和捐助的协议。杭州学军中学同 T 县民族中学开展教育帮扶，有效提升了当地的基础教育水平。此外，多种类型的社会力量参与到 T 县的教育、文化、社会建设中。这些多元主体的嵌入为 T 县带去了现代化的制度、技术和经验，有效改善了当地的经济社会发展样态。

第三节　系统性建构与土客共生

在开展社会工作实务的过程中，社会工作者在利用专业知识进行预估、计划和介入的同时，需要对干预目标进行一定程度的建构，以达到理想的干预效果。在T县的贫困治理进程中，主体的嵌入直接推动了资源的重组。实现资源效益最大化，需要适应不同发展阶段的需求，对原有的地方发展环境进行新的建构，以配合资源的有机组合和各种发展要素的动态调整，这与社会工作开展实务的理念具有一致性。从总体上来看，建构主要体现为规范与体制机制建构、扶智与文化内涵建构、扶志与情境氛围建构，以期促进地方传统文明和现代社会文明的有机结合，形成一个土客融合共生的社会发展环境。

一、规范与体制机制建构

外生力量的大规模嵌入，催生了地方工作的规范化。长期以来，T县的经济社会发展与快速发展的现代化主流社会相脱节。T县的致贫因素很复杂，而体制机制不健全是显著的影响因素之一，原有的体制机制相对来说运行僵化、低效和松散，在很大程度上阻碍了贫困治理工作的开展。一个良性贫困治理体系的形成，往往是从体制机制建构入手的。① 自从精准脱贫工作开展以来，T县在中央、省、州三级组织部门的帮扶下，基于自身的整体自然

① 金太军、鹿斌：《制度建构：走出集体行动困境的反思》，《南京师大学报（社会科学版）》2016年第2期。

条件、区位优势，详细制定了“农文旅”一体化的发展规划，即通过主打农业、文化、旅游三大主导产业，形成一个三维立体的产业生态链，通过一系列体制机制建构来促进多方资源的整合与高效利用。首先，《T县党政领导干部问责办法》《T县扶贫攻坚阶段干部管理制度试行办法》规定，县级领导牵头对各脱贫攻坚项目实施进度进行严格督查，以目标倒逼任务、时间倒逼进度、督查倒逼落实，确保脱贫攻坚项目建设工作有人抓、疑难问题有人解、责任落实有人担。其次，通过制定《T县脱贫攻坚工作联动机制》，设计各层级、部门、组织等帮扶主体间的整合联动机制，提高了脱贫治理工作的效率。最后，以技术手段为依托，如建立第一书记微信群和普遍使用手机“钉钉”，形成了高效的反馈机制和干部人员管理、考核机制，明显提高了工作效率。

二、扶智与文化内涵建构

文化也是影响贫困的重要因素。贫困的长期持续会形成一定的贫困文化，进一步维持贫困的现状并形成代际传递。① T县也存在着一些与现代文化不适应的社会习俗甚至陋俗，因其长期内化于部分贫困人员的日常生活中，难以在短期内迅速改变，阻碍了脱贫工作的有效开展。T县从基本的生活点滴改起，逐渐建构出一种全新的文化生活世界。一方面，通过用好民族文化这个宝贝，大力弘扬民族地区的优秀文化。T县总人口中的98%为苗族，苗族文化传统极为浓厚，各村落中至今还完好地保存着许多苗族文化传统，如节日文化、刺绣、民歌和舞蹈等。这些丰富的非物质文化遗产多在封

① 黄承伟、刘欣、周晶：《鉴往知来：十八世纪以来国际贫困与反贫困理论评述》，广西人民出版社，2017，第105—108页。

闭的村庄范围内以自娱自乐的形式延续着。T县搭建平台，整合各村落的优秀文化资源，多次举办“姊妹节”“多彩贵州文化艺术节非遗展示篇T县周末聚”等大型文艺活动，开展“文化遗产日”宣传活动，不断让优秀文化走出去，取得了一定的经济效益，更让当地村民找到了文化自信。传统文化得到保护和传播的过程，也是与现代社会相适应的新地方文化体系逐步建立的过程。另一方面，T县的多数村落都保留了村规民约，但一般以非文字的形式代际传递，有一些习俗需要加以改造。例如，针对村庄内的婚丧嫁娶，传统的酒席待客往往要持续三到五天，铺张浪费问题比较严重，新的规定要求办酒席不许超过两天，并将其作为一种制度确立下来。针对村庄环境差的问题，T县划分村庄环境卫生责任包干区，开展“清洁风暴”运动，使村庄卫生得到明显改善。可见，通过建构最贴近百姓生活的文化，T县逐渐形成了一种新的地方文化，在地方传统文化与现代文化之间找到了一个可对接的点。

三、扶志与情境氛围建构

贫困处境论认为，贫困的产生主要源于穷人所处的环境，他们的行为是对相应情境氛围作出的直接反应。帕森斯的社会行动理论认为，行为发生于一定的社会情境中，情境中的一些因素作为行动的条件影响着行为①，所以情境的良性建构对与贫困治理相关的工作的有效开展具有重要的促进作用。全面建成小康社会这场声势浩大的贫困治理工作，本身就是在营造一种情境氛围。其一，脱贫攻坚被比喻为一场战役，营造出一种积极和紧迫的

① Talcott Parsons, *The social system* (New York and London: Tree press and Collier Macmilan, 1951), pp. 32 - 34.

工作氛围。在T县，县、乡镇、村都设立了脱贫攻坚战役指挥中心，不同的村落被划分为不同的作战区域，各区域都有扶贫干部担任片区指挥长。这种作战氛围的营造，将参与脱贫攻坚的所有人员都纳入整个战役的情境体系中。其二，通过村"两委"干部、驻村干部、第一书记等帮扶成员对贫困户进行脱贫政策、目标、方式等方面的反复宣讲，贫困户了解脱贫政策，感知国家帮扶脱贫的决心。其三，在村庄内显眼场所喷绘与脱贫相关的标语，如"一人打工，全家致富"，"要想富，搬出深山是出路"等。这些标语通俗易懂、朗朗上口，在整个贫困区域广为流传。此外，鼓励企业、社会组织、高等学校以及个人以多种形式参与精准脱贫，如各地大学生组团赴T县调研、参观，以及一些慕名而来的游客，营造了一种多主体参与、全方位协同的脱贫攻坚氛围。

第四节　全方位增能与社会改造

社会工作秉持着"助人自助"的价值观①，贫困治理的直接目的是消除贫困，两者的最终目标都是帮助社会底层的弱势群体摆脱贫困并形成自我发展的能力，这也成为社会工作与贫困治理有效结合的关键所在。在深度贫困的民族地区，贫困往往具有整体性特点，经常表现为一种地方社会的系统性问题，需要对地方经济、社会发展环境进行整体性改造与提升。人与社会是相互建构的，贫困治理的核心在于人，贫困人口的能力提升则是贫困治理

① 王思斌：《民族地区的社会治理与社会工作参与研究》，《广西民族大学学报(哲学社会科学版)》2017第5期。

的最终目标。因此，我们要从根本上消除贫困，就需要促进基层干部增能、贫困群体增能和社会整体增能，进而实现价值共识达成、内生动力激发和文化生态转型。

一、基层干部增能与价值共识达成

基层扶贫干部是贫困治理“最后一公里”的实施主体，他们的工作能力与效率直接影响着贫困治理的效果，因此帮助基层干部增能成为一项迫切任务。围绕基层干部增能，T县采取了以下措施：第一，对地方行政人员开展了系统的“补课”工作，通过设立“苗疆讲堂”“新时代学习大讲堂”“万人培训计划”等专门学习平台，从意识形态、业务技能、服务理念等方面，整体提升基层干部的理论素养和能力。第二，在实践层面要求基层干部深入扶贫一线，与贫困群体同吃同住，让他们对贫困有更深切的感知。第三，分批分次组织地方干部赴杭州、延安等地进修学习，让本地干部走出深山，对外部的社会发展形成整体性感知，了解自身发展的不足，从而激发自我提升的动力。经过两年多的持续“补课”、基层体验和赴外地“进修”，基层干部的整体素质和能力有了大幅提升，他们对精准脱贫工作形成了基本的价值共识。

二、贫困群体增能与内生动力激发

阿马蒂亚·森认为，贫困的产生并非仅仅因为缺乏基本的物质生活产品，更重要的是因为缺乏获得基础物质的能力和权利。① 贫困群体是贫困治

① 阿马蒂亚·森：《贫困与饥荒：论权利与剥夺》，王宇、王文玉译，商务印书馆，2001，第6页。

理工作面对的直接对象。如何提升贫困群体的综合能力，激发其脱贫的内生动力，是贫困治理工作的重点和难点。在整体性贫困的生存和发展环境中，贫困群体处于一种能力发展不完全的状态，或者说不具备现代社会所需要的劳动力素质。在面对主流社会时，贫困群体往往受到社会排斥，他们的发展能力和权利被再次剥夺。长此以往，贫困群体在主观上脱贫的内生动力不足，在客观上脱贫的外在条件有限，导致贫困的代际传递。对此，T 县将脱贫工作的重点之一放在对贫困群体的能力培养和提升上，通过多方了解和充分挖掘，发挥贫困群体的自身优势。针对脱贫动力不足的群体，驻村干部从思想意识上反复做工作，改变贫困群体对贫困的认知，建立一种“必然脱贫”的信念；针对技能不足的贫困群体，驻村干部引入高附加值的养殖和种植企业，并开展相应的技能培训，鼓励具有相同劳动技能和发展意愿的贫困群体组成互助团体，参与各项扶贫产业；针对资金缺乏的贫困群体，驻村干部通过产业扶持资金和特惠贷等形式，尽可能地为贫困户的主动脱贫提供条件和环境，激发其脱贫的内生动力。

三、社会整体增能与文化生态转型

从宏观角度来看，社会整体增能就是对整个县域社会进行改造。作为民族地区一个较有代表性的深度贫困县域，T 县的整体性贫困特征明显。在精准脱贫的语境中，贫困个体始终生活在经济社会发展迟滞的整体环境氛围之中。如果不能从根本上改变社会的整体面貌，生活在其中的个体就很难呈现良好的发展状态。因此，社会整体增能非常有必要，即要从根本上改变贫困赖以生成的土壤。在 T 县的探索中，社会整体增能表现为硬实力和软实力两个方面。所谓硬实力，就是通过对公路、移动网络、水电等基础设施的建设和完善，加强贫困地区与外界的联系，快速改善群众生活和发展环境，这是面向整个社会的直接增能。所谓软实力，就是贫困地区的社会涵养。在T县的农村，有许多人长期用苗语交流，至今都听不懂普通话，很多村民对外界信息的接收非常有限，对国家的基本方针政策不够了解。为此，T县在电视台特别创办了《苗语新闻》栏目，宣传、讲解国家精准扶贫的方针政策，将最新的工作进度传达给全县群众，帮助他们感知周遭的变化。这种渐进式扶持是一种间接增能。此外，一些高等院校、社会组织和企业通过参与精准扶贫，将一些现代化的理念、思想、文化等慢慢渗透到贫困群众的意识中，影响着他们的生活。事实上，社会整体增能过程，也是一个闭塞的社会屏障逐渐瓦解的过程，更是地方社会文化生态转型的过程。

本章小结

民族地区的贫困治理是一项复杂工程，涉及治理主体、制度环境、社会文化等多重因素。如果不能对该地区进行系统整合，那么它会陷入一种碎片化治理的困境。作为一个整合性分析框架，“嵌入—建构—增能”为贫困治理工作特别是当前民族地区的精准脱贫实践提供了一种较有解释力的理论模式。T县脱贫攻坚的实践探索，验证了“嵌入—建构—增能”理论框架的生命力。同时，“嵌入—建构—增能”理论框架也为社会工作参与贫困治理提供了一种具有指导作用的渐进式的路径。当然，在贫困治理过程中，行政力量和社会工作的定位及其起到的作用是不一样的。首先，T县的精准脱贫实践是国家力量主导下的探索，尽管精准扶贫最终指向的是以家庭为单位的贫困个体，但是有限的行政资源始终难以满足广大贫困群体多样化的服务需求，因此社会工作是从专业的角度，更加聚焦于贫困群体开展针对性微观服务。其次，外部行政力量在自上而下的嵌入过程中往往占有绝对的主导优势，在行政权威的作用下，存在“过度嵌入”的问题，以社会工作为代表的社会组织和企业呈现出一种弱嵌入状态，不利于社会工作等社会力量更高效地参与到贫困治理中。最后，在长期贫困的发展状态下，民族地区本土社会组织的发展几乎是一种空白状态，社会工作介入的作用不仅体现在贫困治理层面，而且能帮助地方培育本土的社会组织，提升其贫困治理的主体性与能动性，避免其处于被动配合的地位，最终促使地方社会整体养成“自助”的能力。事实上，这也将成为后扶贫时期社会工作参与反贫困实践需要持续关注的议题。

第六章 深度贫困地区金融扶贫与金融社会工作的介入*

金融扶贫意在解决资金匮乏问题，切断深度贫困地区的“贫困恶性循环”①。以贴息贷款为代表的信贷扶贫是金融扶贫的一种典型代表。随着我国扶贫重心向西部转移、向乡村下沉、向个体细化，政策性贷款重心从项目贷款向到户贷款倾斜。在实践操作中，针对贫困户的到户贴息贷款长期受到还款率低下、资金效率不高、资源利用率不高或不匹配(资金瞄不准)三大问题的制约。自从 2013 年 11 月“精准扶贫”概念被提出以来，精准识别、精准帮扶等各项政策举措出台，为提升扶贫贴息贷款的瞄准率、还款率和资金效率提供了重要契机。在深度贫困地区，农户的整体贷款动力弱，他们既惧怕自主贷款的产业风险，又对集中贷款的入股企业缺乏信任，扶贫贴息贷款的政策设计遭遇“政府想给，贫困户不想要”的现实问题。本章以贵州省扶

* 本章引自毛安然、杨发祥：《深度贫困地区金融扶贫的政策设计与实践悖论》，《甘肃社会科学》2018 年第 5 期，部分内容有修改和延伸。

① 西奇尔、埃克斯坦：《宏观经济学　基本经济学概念》，中东、方红译，孔凡晶校，中国对外经济贸易出版社，1984，第 393—398 页。

贫贴息贷款项目的“特惠贷”为个案，通过对国家级贫困县T县的考察，分析精准脱贫背景下地方政府积极倡导的金融扶贫政策创新及其实践遭遇，从而探索在深度贫困地区如何更加有效地开展金融扶贫，以及金融社会工作何以介入其中。

第一节　金融扶贫的初衷与政策设计

党的十九大报告指出，打赢脱贫攻坚战的重点是攻克深度贫困地区的脱贫任务，确保2020年解决区域性整体贫困。数据显示，1986—2007年，贴息扶贫贷款的投放增减速率与贫困降低速度基本上是一种正相关关系。[①] 2006年，《国务院扶贫开发领导小组办公室关于深化扶贫贴息贷款管理体制改革的通知》将原来统一计划和发放的扶贫贴息贷款分为“到户贷款”和“项目贷款”（面向产业化扶贫龙头企业和基础设施等项目）两部分进行操作。借力精准识别，扶贫贴息贷款将授信对象限制在建档立卡贫困户范围内，有效防止贷款资源漏出。[②] 部分深度贫困地区的地方政府积极开展政策创新，构建企业、金融机构、政府与贫困户之间的利益联结机制，不仅使贫困户能贷到款，更使贷款资金“有去处”“有收益”。创新的利益联结机制成为扶贫干部在攻坚期内完成脱贫指标的重要抓手。

① 张伟、胡霞：《我国扶贫贴息贷款20年运行效率述评》，《云南财经大学学报》2011年第1期。

② 沈洪、魏升贵、葛龙、张唯滔：《集中连片特困区内相对贫困扩大问题解析及其矫正——基于商洛市扶贫贴息贷款实践的实证分析》，《西部金融》2015年第2期。

一、政策靶向与小额贴息贷款

贵州省是“十三五”脱贫攻坚主战场。截至2015年年底，贵州省尚有493万贫困人口，占全国贫困人口的8.77%[①]，贫困发生率为14.0%[②]，是全国贫困人口最多、贫困面积最大、贫困程度最深的省份，属于典型区域性整体贫困的深度贫困地区。2015年年底，贵州省50个扶贫开发重点县农民人均可支配收入为6 964元[③]，不到同期全国农村居民人均可支配收入的61%[④]。全省当年农村常住居民年人均可支配收入为7 171元，年人均消费支出为6 489元[⑤]，消费支出占比为90.49%，导致储蓄率极低。在此情况下，金融精准扶贫成为较快实现贵州深度贫困地区脱贫的必要手段。

2015年10月，贵州省扶贫办、人行贵阳中支、贵州省农村信用合作社联合印发《贵州省精准扶贫“特惠贷”实施意见》，提出对建档立卡贫困户发放“5万元(含)以下、3年期以内、免担保抵押、扶贫贴息支持、县级风险补偿”的扶贫小额信用贷款，用于贫困户的生产、就业、教育和移民搬迁等用途。“特惠贷”政策设计的初衷，就是试图由政府主导、引入金融力量，为贫困户提供启动资金，切断贫困恶性循环。

---

① 国家统计局住户调查办公室：《2016中国农村贫困监测报告》，中国统计出版社，2016，第183页。

② 任湘生、钟赛梅主编《贵州统计年鉴(2016)》，中国统计出版社，2016，第480页。

③ 刘远坤：《贵州省扶贫开发工作情况报告——2016年7月26日在省十二届人大常委会第二十三次会议上》，http://www.gzrd.gov.cn/cwhgb/dseg2016ndsh/21391.shtml，访问日期：2016年7月26日。

④ 国家统计局住户调查办公室：《2016中国农村贫困监测报告》，中国统计出版社，2016，第15页。

⑤ 同上书，第382页。

借力于精准识别，“特惠贷”将授信对象确定为建档立卡贫困户，提升了贫困瞄准精度。其有关免抵押、免担保的制度设计，意在提高建档立卡贫困户的贷款获得率，同时强调扶贫部门进行用款指导，以提高资金使用效率。

“特惠贷”最具特色的制度设计在于用款方式有自主用款和集中用款两类：(1) 自主用款即用于贫困户自主发展产业，通常为当地主导的特色产业或其自身有一定基础的产业，到期后自行归还本金；(2) 集中用款是指贫困户申请贷款后，经基层政府牵线，多个贫困户一起以贷款资金入股龙头企业或合作社，获得入股单位提供的分红(和一些工作机会)，贷款到期后由入股企业将股金返还贫困户，贫困户再向信用社归还本金。

自主用款是贴息贷款的传统用款模式，也是国际小额贷款的一般用款模式。自主用款适用于有劳动力、有一定产业基础、有自我发展能力的贫困户。相对而言，此类贫困户也较易脱贫。

在贵州深度贫困地区，更多难以脱贫的贫困户是缺乏增收渠道、没有自我发展能力的深度贫困户，他们没有意愿也没有能力自主用款。为此，贵州省提出集中用款形式的政策创新，试图构建利益联结机制，协助贫困户以贷款资金入股企业，使贷款“有去处”“有收益”。集中用款的一个渠道是鼓励贷款后没有增收渠道的贫困户将贷款集中起来入股龙头企业；另一个渠道是将贫困户“特惠贷”信贷额度集中授予龙头企业，再以企业的分红承诺来发动贫困户贷款。由于能够解决贫困户的发展渠道问题，又让资金得以在企业流转，提高用款效率，因而集中用款逐渐成为“特惠贷”的主流形式，也成为当地基层政府对贫困户脱贫攻坚“扛着走”的政策抓手。

二、政策创新与利益联结机制

集中用款方式的实质是以基层政府为中介的“贫困户＋政府＋信用社＋企业/合作社”多方利益联结机制（如图 6-1 所示）。

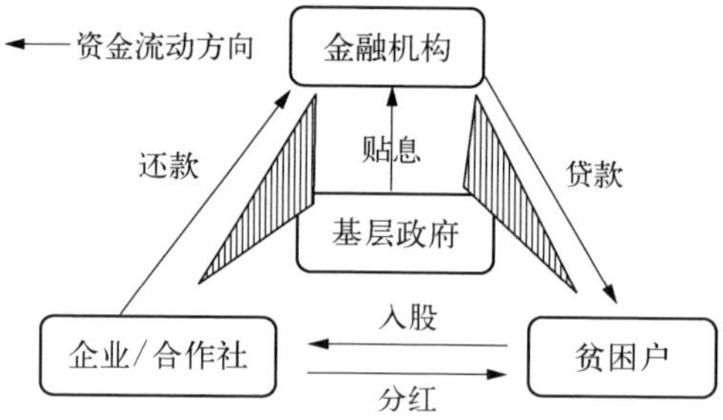

图 6-1 “特惠贷”集中用款模式下的多方利益联结机制

在多方利益联结机制建立之前，扶贫贴息贷款主要以两种渠道流通：（1）金融机构面向贫困户的小额贷款。以基层政府作为中介，搭建起金融机构和贫困户之间的信任与资金流动循环渠道。在这一借款渠道中，贷款获得率、还款率、资金效率都较低，扶贫成效不显著。[①②③]（2）金融机构面向贫困地区企业/合作社的大额贷款。这一渠道是“八七扶贫计划”的区域开发式扶贫的主要放款渠道。针对贫困地区龙头企业或大型农业合作社贷款，能较好促进企业/合作社发展，带动地区经济。但相应出现了资源漏出或不匹配问题，经济增长的益贫性表现为“益贫困地

① 文秋良：《中国的信贷扶贫政策与管理方式的改革》，《农业经济问题》2006 年第 4 期。
② 张伟、胡霞：《我国扶贫贴息贷款 20 年运行效率述评》，《云南财经大学学报》2011 年第 1 期。
③ 白澄宇：《金融扶贫问题》，《贵州社会科学》2014 年第 10 期。

区”，而非“益贫困户”。[①][②]

因此，贵州省“特惠贷”的多方利益联结机制将贫困户、企业/合作社、信用社联结为利益共同体：贫困户以“特惠贷”资金入股企业/合作社；入股单位保障贫困户每年分红，实现贫困户稳定增收；在企业/合作社经营顺利的情况下也可保障金融机构的资金安全；金融机构政府落实扶贫职责，实现税收保障，发展地区经济；在保障扶贫实效基础上实现贫困户、金融机构、企业/合作社、集体经济与基层政府多方共赢。

多方利益联结机制对贫困户有补贴式扶贫和开发式扶贫两个方面效果。贫困户通过贷款资金入股可直接获得分红，产生补贴式扶贫效果。同时，合作社和龙头企业在发展过程中可能面临人员扩张，能为部分贫困户提供技术培训和就业机会。贷款过程启发了贫困户的金融意识，推进了农村信用工程建设，促进部分“老赖”主动还清拖欠贷款。[③] 因此，多方利益联结机制在提高生产能力、增强贫困人员的市场意识和改善经济脆弱性上能发挥一定的开发式扶贫作用。

目前，集中用款方式已在贵州省多地铺开[④][⑤][⑥]。各地都选择了经济实

---

① 张杰：《解读中国农贷制度》，《金融研究》2004 年第 2 期。

② 张伟宾、汪三贵：《扶贫政策、收入分配与中国农村减贫》，《农业经济问题》2013 年第 2 期。

③ 黄鹏：《“特惠贷”取得“五赢”成效》，http：// www. gznxbank. com / gznxbank / 475031/ 475037/ 1745263/ index. html，访问日期：2017 年 3 月 4 日。

④ 多彩贵州网：《凯里贫困群众乐享“特惠贷”分红　每户每年稳定收入 4 000 元》，http：// qdn. gog. cn/ system/ 2017/ 01/ 25/ 015380672. shtml，访问日期：2017 年 1 月 25 日。

⑤ 朱俊洁：《“特惠贷”助独山 3558 户贫困户变企业股东》，《黔南日报》2016 年 8 月 22 日。

⑥ 王俊：《普安县农信社“特惠贷”助推精准扶贫》，《贵州日报》2017 年 8 月 26 日。

力比较雄厚的龙头企业或主城区市政建设项目作为合作伙伴，引导“特惠贷”资金投到稳健且能获得盈利的重点发展项目上。各企业向贫困户承诺提供年均3%～12%(大多为8%～10%)不等的分红，是同期银行一年期存款利率的2～7倍。

第二节　金融扶贫政策运行的实践悖论

尽管具有如上政策设计与制度保障，但“特惠贷”仍在实践中遇冷。截至2016年12月末，“特惠贷”覆盖贵州省贫困户达55万个，仅占授信贫困户的43.4%。[①] 截至2016年7月底，在“特惠贷”累放金额、贷款余额排在全省第一的黔东南苗族侗族自治州，累计向3.69万个建档立卡贫困户发放“特惠贷”17.09亿元，“特惠贷”余额为18.63亿元[②]，贷款获得率仅为10.81%。该州剑河县白都村是剑河县信用合作社对口帮扶村，在多方利益联结机制下，贷款全部入股村种植养殖专业合作社，承诺保底分红。但截至2016年10月，全村129户贫困户中也仅有32户申请“特惠贷”[③]，贷款率仅为24.8%。

在“特惠贷”的推进过程中，“政府想给，贫困户不想要”的实践悖论表现出一定的共性和特性。其共性是深度贫困户整体贷款意愿不强，缺乏脱贫

① 多彩贵州网：《贵州省农村信用社“特惠贷”》，http://finance.gog.cn/system/2017/03/21/015510132.shtml，访问日期：2017年3月21日。

② 黔东南州政府办公室：《黔东南州“五举措”推进精准扶贫“特惠贷”》，http://www.gzgov.gov.cn/xwzx/gszdt/qdn/201609/t20160901_435709.html，访问日期：2016年9月1日。

③ 周鑫：《股金服务结合“特惠贷”助农实现脱贫增收——对贵州剑河县供销社社员股金服务精准脱贫的调查》，《中国合作经济》2016年第10期。

的内生动力；特殊性在于贫困户担忧个体经营风险，对集中贷款的入股企业缺乏信任。

一、安于现状：贫困户的贷款动力不强

深度贫困地区长期与贫困抗争且失败的历史教训抑制了贫困户的脱贫信心，脆弱的生计资本和极易返贫的现实使他们对未来有着悲观心理，因而安于现状，缺乏脱贫发展的内生动力，承担风险而贷款发展的意愿更弱。

在贵州省山地农村，贫困户呈现出类似的深度贫困：家中仅有基本食品和衣物，家具非常少，几件电器来自各类扶贫捐赠，生活水准长期保持在生存线边缘。日常劳动以满足自身生存需求为主，农作物主要是水稻、苞谷、土豆和其他蔬菜；家禽、家畜主要是鸡、鸭、猪等，产量仅满足自我消费，难有多少结余，也很难主动进行技术改进或品种更新。生计虚弱带来了高度的风险厌恶。技术、品种创新或扩大生产规模可能遭遇失败，随之而来的是收入的大幅度下降，而这在仅能维持生存的收入条件下是不被接受的。这也是我国连片特困地区的共性现实，贫困户经济基础极度脆弱，以农业为主体的低收入和基本生活支出之间的巨大张力，使基础生活保障成为首要问题。①

深度贫困户的收入与支出之间保持着脆弱的平衡，一旦遭遇自然灾害，或者不幸患病，甚至只是孩童上学的额外支出，都会使之陷入更加贫困的境地。因此，深度贫困地区的贫困户通常将贷款视为负担，没有贷款意愿、抗拒通过贷款发展是普遍现象。他们认为，与其承担贷款风险去发展，不如不

① 赵靖伟：《农户生计安全与保障》，社会科学文献出版社，2014，第21页。

担风险而稳稳当当地受穷，因为一旦贷款造成产业失败，威胁到的就是生存底线。一位扶贫干部总结自己推广“特惠贷”的经历时说：农民都不想借（“特惠贷”），怕还不起，越穷的人越不敢借。我们说借钱给你买牛、喂牛，饲料钱也借给你，牛卖了你就赚钱了。合同拟好了，送给他签字，他都不肯签，说是怕个人把牛养死了，还不起钱。（S，T县扶贫干部）

此外，补助性扶贫政策导致一部分贫困户“等、靠、要”思想浓厚，依靠政策补助来生存，不愿付出努力求发展。

二、市场风险：贫困户产业选择的趋同化

在自主贷款模式下，脱贫的落脚点在自主发展产业，然而小农经济模式对接市场具有天然劣势，这就导致贫困户贷款发展产业的风险增加。一方面，信息、经验和技术制约了贫困户的产业选择，产品呈现趋同模式，市场交易中难免遭遇价格竞争，小农经济的规模必然在价格竞争中落败；另一方面，技术壁垒甚至民族地区的语言壁垒都造成了市场隔离，为深度贫困户对接市场带来困难。

贵州省T县归属少数民族自治州，县域内贫困户中45岁以上者几乎只会说苗语，不会说普通话，更不识汉字。他们生产的农产品绝大多数用于家庭消费，余下少量的就到镇上赶集交易，没有渠道对接更大的市场。

因此，产业扶贫项目多以规模化生产帮助贫困户对接市场，种植养殖合作社是实现规模化生产的主要形式。然而规模化生产利弊并存：规模化使得原料成本和技术方面的问题得到一定程度的缓解，但相同品种的产品集中上市的销售风险增加，并且生产者规避疫情灾害风险的能力减弱。因此，

即便贫困户自主贷款参与政府的产业扶贫项目，也非常可能面临销售失败和损失本金的问题。

这里我们介绍一下 T 县重点产业扶贫项目灰天鹅合作社的情况。该社在 2015 年取得较好收益，2016 年扩大生产规模后，意外遭遇冬春两次“禽流感”禁售，合作社的 1 万多只灰天鹅全部滞销半年以上。合作社负责人自有资金已捉襟见肘，在滞销期内投入 8 000 公斤玉米而“收获”2 万元外债后，只能以草代替玉米饲料，大量灰天鹅给饿瘦了——从三四公斤减到二三公斤。当地街道扶贫干部问合作社负责人为什么不贷“特惠贷”，他表示已欠外债，不敢再贷款。

T 县另一产业扶贫项目对接的是 G 镇 H 村的黑毛猪合作社，其负责人是外出务工返乡发展养殖的大户。他有多年的养殖经验，在扶贫政策支持下成立了合作社，纳入贫困户 130 户，吸纳贫困户“特惠贷”入股资金 200 万元，首年分红 18 万元。但其扩大养殖规模后，市场生猪价格下降，利润率远低于预期。后来在保证贫困户分红的基础上，该合作社无力追加再生产资金。

三、信任脆弱：企业还款能力担保缺位

在集中用款模式下，面对未知的企业经营状况、经营风险等问题，贫困户对企业缺乏信任，担心企业“还不上怎么办”，因此同样不愿贷款。

如图 6－2 所示，“特惠贷”的集中用款形式实质是一种基于四方互信的利益联结，互信关系是利益联结机制稳定运行的基础。其中，基层政府—金融机构、基层政府—企业/合作社互信关系构建在组织间的契约关系之上，

信任成本低且较容易建立。贫困户由于无力抵押担保，加上缺乏金融知识，因而无法与金融机构直接建立互信关系。他们的社会资源匮乏，无法与企业/合作社建立直接信任关系。而基层政府与贫困户的信任关系是贫困户在利益联结机制中的唯一落脚点。

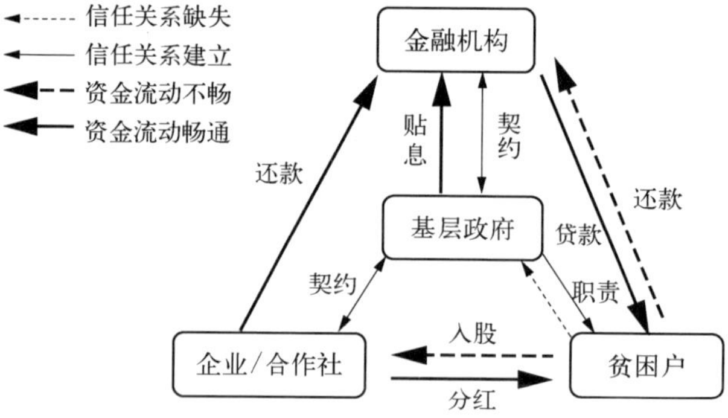

图 6－2　以基层政府为中介的多方利益联结机制及其信任关系

在T县，X养猪公司希望贫困户以“特惠贷”资金入股，以此解决自身贷款困难，同时承诺贫困户入股5万元可获得每年分红4 000元加一头年猪。对此，贫困户大多心存疑虑。一贫困户表示：“我认为给他们没保障，他失败了到时候这个钱找谁要呢？虽然政府是这么说的，但到时候要钱了，还是找我们。‘毕竟这个钱是打在你账户上，你给谁我们不晓得。’信用社都是这么说的。”（N，T县贫困户）

T县L乡扶贫站工作人员解释道，信用社向贫困户索要利息是由于扶贫贴息流程耽误了时间。“信用社按季收息，每个季度的最后一个月的20号之前，要把钱划到信用社账上。但扶贫资金报账有程序……流水账单要经过审批，报到县扶贫办，我才能把这个钱划给信用社。”然而一些贫困户对基层政府的信任基础并不牢固，一旦出现一两次信用社向贫困户索要利息的情况，贫困户就对“特惠贷”政策失去了信任：“老百姓就觉得上当了，还是要我贴息。其实你贴出去200元，政府还是会把这200元给你的。但当时他就理解不了，就不愿意……就跟身边人讲，以致有些贫困户就不愿意去了。”（L，T县L乡扶贫站工作人员）

在一类“特惠贷”借贷个案中，对口帮扶干部选择以个人名义写下“借条”，承诺入股企业款项相当于借给他个人，以此说服贫困户同意贷款并入股。还有一类贫困户只愿意跟随熟识的邻居贷款：“如果邻居中有几户十几户都贷了，那么我也愿意跟着一起贷。”（W，T县扶贫干部）

此外，大部分地区“特惠贷”贷款利息遵循“先收后贴、分期补贴、应贴尽贴”的原则，在贷款期间由贫困户先自行支付利息，再由扶贫、财政部门兑付贫困户贷款的贴息资金。[①] 预支利息对很多深度贫困户提出了储蓄要求，而贴息流程长、时间长这种贴息方式要求贫困户对政府具有更高程度的信任。

第三节　金融扶贫尴尬遭遇的问题症结

一、内生动力欠缺：生计资本孱弱与贫困恶性循环

贫困人口的生计资本存量少、社会资本总量低，导致风险规避渠道少，贫困人口风险敏感度很高。进行品种、技术革新，或是扩大生产规模，对贫困人口来说，都是极易失败的高风险行为。通过贷款进行革新或扩大生产

① 龙成丹、岳铁刚、杨建康：《“特惠贷”为贵州精准扶贫注活力》，《贵州民族报》2015年10月28日。

规模，更是双重风险。“贫困的恶性循环”理论也指出，贫困人口用于满足生存基本需求的食物和健康消费就已经占据了几乎全部收入，随着技术改进，大部分增收仍然会被用来消费以改善生活。随着健康状况普遍得到改善，人口就会继续增长，如果还要继续进行改进技术的投资，那么人均收入就会陷入长期下降的恶性循环。

世界银行扶贫协商小组（CGAP）在一项关于小额贷款的研究中指出，出于高还款率和组织纪律要求，小额贷款项目通常把绝对贫困人口排除在外。但令人意外的是，这种排斥也有需求方的原因：绝对贫困人口常常自己选择不加入该项目，他们可能不认为自己是“值得贷款的”，感到自己没有足够的资源来挣钱偿还贷款，往往缺乏参与贷款项目的自信心。①

在富裕地区，技术、储蓄和投资是良性循环：技术改进后产能提升，居民收入增加，因为基础消费在居民收入中所占的比例不高，所以带来储蓄增加；同时企业赚取的剩余价值大部分也会被用于重新投资，带来资本增值。因此，经济发展的历史表明，改进生产技术能够提高效率、增加收入，劳动者对于收入提高和生活改善能够产生良性预期，由此产生对获得回报的信心。这就是发展的示范效应带来的正向激励，然而正向激励在我国深度贫困地区缺乏用武之地。在贫困地区，用于满足生存基本需求的食物和健康消费几乎占用了居民的全部收入。随着技术改进，贫困家庭的大部分增收仍然会被用来消费以改善生活，难以用到储蓄和投资上。同时，随着人群健康状

① 世界银行扶贫协商小组：《连接小额信贷和社会安全网项目，覆盖最贫困人口——孟加拉脆弱群体发展创收项目（IGVGD）案例》，https：//documentsl. worldbank. org/curated/en/675291468208456998/pdf/234510CHLNESEOFocusNote1211ch. pdf，访问日期：2020 年 12 月 20 日。

况得到改善，人口会继续增加，继而陷入“内卷化”。① 如果贫困家庭还要继续进行发展投资，那么人均收入会陷入长期下降的恶性循环之中。换句话说，贫困地区的人们长期处于贫穷中，没有历史经验表明他们有能力改善生活、摆脱贫困。相反，在每一次的经济改善后，他们很快又会回到原来的生活水平，如此下去难以产生提高收入的预期和信心。在笔者所调研的贫困户中，还没有出现通过贷款来改进生产技术从而实现脱贫的案例。

困扰贴息贷款的另一因素在于贷款只解决了“借钱渠道”，却没有激活贫困户的“用钱能力”。在全球化和市场化进程中，扶贫开发过程也是推动地方性文化不断走向市场化的过程。贫困户只有完成从“资金”到“资本”的跨越，才能收获资金带来的红利，实现结余和储蓄。

尽管当前基层政府注重参与式扶贫过程中的赋权，注重体现脱贫主体的自主性，但基于贫困户现有的社会文化环境状况和发展水平，他们被赋予的选择权无法起到提升自身“用钱能力”的作用。因此，各类参与式扶贫较难真正实现贫困户的内源式发展，当前大部分贫困户仍缺乏发展的意识。面对贴息贷款，贫困户想不出其用途，仍需扶贫工作人员花大力气来动员贷款。

二、发展能力欠缺：农村空心化与市场对接内卷化

贴息贷款的政策悖论主要出现在深度贫困地区，这与其人口结构和市场化缺陷有关。贫困地区选择以劳动力输出来参与市场化进程，青壮年劳

① 黄宗智：《中国的隐性农业革命》，法律出版社，2010，第 27 页。

动力通过参与城市分工完成自身的市场化，然而由此带来的农村空心化问题又延缓了农村地区的市场化进度。

青壮年劳动力外流从三个方面制约了贴息贷款的投放。首先，劳动力外流导致产业经营主体缺失。人口从贫困地区流向先发展地区，导致贫困地区经营主体缺失，“三留守”弱势人口无法承担产业发展的重任。其次，劳动力外流导致贫困地区掌握金融知识的人口缺失。外出务工的劳动力通过城镇化对金融贷款有一定理解，但留守的老人和儿童对金融贷款缺乏认知。乡镇干部在日常工作中面对的扶贫对象大都是老人和儿童等留守群体。留守群体难以理解贷款，在金融决策上表现出保守主义倾向。最后，劳动力外流导致家庭金融决策权外流。留守老人和留守儿童对家庭的金融行为没有决定权，谈及“特惠贷”时，他们大部分表示不理解，要等子女或父母回家决定。

深度贫困地区扶贫产业选择常常一窝蜂而上，扎堆种植养殖同一品种，而相应的市场开拓不够。如果扩大生产规模后，销售渠道未得到相应拓展，那么不仅无法实现盈利，甚至连本金和投入的人力都无法收回。尽管发展地区特色产业，集中种植养殖同一种农产品具有降低采购运输成本、打造品牌等优势，但也确实增加了集中供应导致供过于求的市场风险。农产品天然的时效性导致同类产品必然集中时段上市，不可避免地形成市场内卷竞争。此外，集中种植农作物、养殖家禽牲畜还可能因流行病疫情造成全面绝收等风险。对此，部分农户甚至在产业选择中总结出“反向指标”的选择经验：“政府喊你种辣椒，那么除了辣椒，你种啥子都能赚钱。”

贫困户对接市场的困难直接影响其产业发展，没有产业发展需求，自然就没有资金需求,因而“特惠贷”难以落地,出现“政府想给,贫困户不要”的困境。

三、社会信任欠缺:贷款资金流向与熟人信任机制

在“特惠贷”实践中,政府拓展了用款渠道,采取集中用款模式,试图构建利益联结机制,以保障脱贫成效。然而集中用款模式的困境在于,贫困户作为贷款主体,却不了解资金去向,因此无法建立对外来企业的信任,而公信力受损的基层政府也无力为企业背书。

信任是一种在社会交往中习得和确定的期望,分为制度(抽象、普遍)信任和人际(具体、特殊)信任。[①] 费孝通先生提出,在以小农经济为主体的中国传统社会里,信任机制表现为熟人信任,即一种建立在差序格局基础上的身份信用。而社会中间组织的缺位,使得当代中国社会的信任仍然停留在熟悉和血缘叠加的“家族信任”阶段[②],因而此类信任的场域是“地方社会”,一旦超越了熟悉的地域,信任就难以建立。

在“特惠贷”的集中贷款模式中,贷款资金流向超越了地方社会,流入龙头企业。对贫困户来说,这些贷款资金的去向看不见摸不着,超越其生活世界(life worlds),他们不相信企业会还款。当前乡村借贷的倾向顺序同样表明,农民习惯于将经济活动局限在熟悉的地方社会中。研究表明,乡村借贷的倾向性顺序首先是亲友、熟人,其次是民间借贷,最后才是金融机构。

---

① 尼克拉斯·卢曼:《信任》,瞿铁鹏、李强译,上海人民出版社,2005,第 86 页。
② 郑也夫:《信任论》,中国广播电视出版社,2001,第 139—149 页。

杜赞奇（Prasenjit Duara）研究华北农村社会时提出，国家权力对乡村的嵌入要通过当地的“权力的文化网络”来实现。[①] 金融扶贫要赢得贫困户的信任同样需要依托当地传统权力的文化网络，信任模式与结构是其中的主要内容。

中国传统乡村社会的“熟人信任”机制属于具体的人格信任，而现代国家治理体系中的政府与民众之间的信任属于抽象的系统信任。“基层政府”具有具体与抽象双重特征，一是贫困户能接触到的具体政府工作人员——扶贫工作人员等，二是抽象的“政府”符号。因此，基层政府和贫困户的信任关系则兼具特殊信任与普遍信任的特征。

第四节　社会工作介入金融扶贫的路径探索

金融问题是导致贫困人口贫困的重要因素之一，普惠金融是助力脱贫的重要手段。在脱贫攻坚的过程中，发展产业是实现脱贫的根本之策，而资金是产业的血脉，金融扶贫可以通过资金支持脱贫产业。然而现代金融的专业化程度正在进一步加大普惠金融产品与贫困户之间的信息距离，逐渐成为制约金融扶贫作用发挥的瓶颈。在精准扶贫的社会背景下，聚焦个案的金融社会工作在脱贫攻坚的微观层面上发挥着越来越重要的作用，成为宏观贫困治理政策和中观普惠金融产品的精准补充。对贫困人口开展金融知能（金融知识与金融能力，financial literacy）服务、协助资产建设（asset

① 杜赞奇：《文化、权力与国家：1900—1942 年的华北农村》，王福明译，江苏人民出版社，2003，第 219—220 页。

building）、进行个案金融治疗（financial therapy）等，帮助他们走上共同富裕的道路，正成为金融社会工作展开的重要场域。

一、金融社会工作的理论旨趣

（一）扶贫济困：金融社会工作的缘起

社会工作肇始于扶贫济困的传统，金融社会工作亦从这一传统中发展而来。历史上的慈善组织会社（COS）和睦邻中心，均强调对受助人群拥有金融知识的重视，并鼓励他们勤俭和储蓄。一些慈善组织为此发起了一系列项目，如小额储蓄银行、储蓄券、家政指导等等，旨在增强贫困人口的金融意识。社会工作先驱里士满（Richmond）曾参与英国1869年设立的慈善组织会社，担任帮助贫困家庭的“友好访问员”，通过调研了解并评估贫困家庭的情况与需求，其中包括就业与工作所得、花费和储蓄等多项财产项目。[①]里士满继而在《社会诊断》一书中指出，社会诊断的焦点之一即是服务对象的社会环境和经济弱势，在评估项目中社会工作者需要了解服务对象的财务状况。此后，随着对家政服务经验的融合，社会工作者不断扩展对受助者金融知能的相关服务，并积累了较为丰富的经验。

但进入大萧条时期后，金融知能服务这一领域开始慢慢消退。一方面，当时的社会工作者要么热衷于临床实务，注重对服务对象心理层面问题的治疗，要么热衷于各种社会运动的推展，反而忽视了对服务对象金融能力的

① 玛丽埃伦·里士满：《贫民中的友善探访：慈善工作者手册》，康姣译，华东理工大学出版社，2019，第20页。

建构和教育的推行。① 另一方面，在政策层面，经济性贫困救助逐渐进入行政轨道，社区建设和区域性贫困治理走向制度化，这也使得社会工作专业人士更少参与到贫困人口的经济性事务中。

随着经济全球化的纵深发展和金融的突飞猛进发展，个体金融状况与个人、家庭和社区的社会福祉息息相关。20 世纪末，性别议题和金融治疗实务中的困境激发了金融社会工作的诞生。玛格丽特·谢若登（Michael Sherraden）提出了资产为本的社会政策理论，倡导通过个人发展账户（IDA）儿童发展账户（CDA）等协助贫困家庭与儿童通过资产建设获得可行能力的提升。② 此后经过 20 多年的发展，金融能力与资产建设逐渐构成了金融社会工作的基本理论框架。③ 2015 年，美国社会工作与社会福利学会将参与解决针对穷人的普惠金融服务与金融能力建设作为社会工作面临的重大挑战之一。金融社会工作通过协助服务对象梳理自身与金融的关系，作出了正确的金融决策，实施了积极的金融行为，进而提升了个体和社会的福利水平。

（二）助人自助：金融社会工作的立场

20 世纪 90 年代，美国社会工作者沃尔夫森（Wolfsohn）在其金融治疗实践中发现，一些服务对象希望掌控自己的生活和金钱，却受困于金融理财知识的缺乏、对金钱概念的迷思以及现实的债务压力，无法实现需求，而

① Paul H Stuart, "Financial Capability in Early Social Work Practice: Lessons for Today," *Social Work* 61, no. 4(2016): 297—304.

② 黄进、玛格丽特·谢若登、邹莉：《普惠金融与金融能力：美国社会工作的大挑战》，《中国社会工作》2018 年第 28 期上。

③ 方舒、兰思汗：《金融社会工作的本质特征与实践框架》，《社会建设》2019 年第 2 期。

常规的金融治疗并不足以解决这类个案问题。于是，沃尔夫森开始尝试在常规金融治疗中发展金融教育和心理社会的金融活动，为服务对象提供帮助。[①] 但仅仅协助服务对象获取基本的金融技巧和工具并不能使其及时还款、增加储蓄、减少债务或改变投资行为。因为金融问题与困窘、个人贫弱的自我感（sense of self）有直接关系，个体的自我觉知（self-awareness）、低自尊和自我价值感等才是影响个人金融行为的重要因素。

因此，帮助服务对象摆脱经济困境需要改善其理财行为。给予持续性支持，改变其经济态度，才能改变其经济行为和选择，最后有能力控制自我的财务状况。沃尔夫森认为，金融社会工作是增强自我觉知、提供金融知识和帮助服务对象整合日常生活中金融决策的模式。它主要聚焦于处理驱动服务对象的金融行为（如储蓄、借贷、投资等）的思想、情感和态度，借由金融治疗和金融知能的运用，协助服务对象厘清与金钱的关系，发展管理金融压力的技巧，减少破坏金融福祉的行为，解决影响服务对象金融行为的情感问题，使之获得个人福利，进而提高社会的整体福利水平。[②]

林典认为，金融社会工作更强调为受助者解决金融问题提供积极帮助，其本质还是社会工作。它关注的对象侧重于因受金融问题如金融知能不足、金融观念迷思、资产累积能力不足、金融排斥等问题困扰而陷入经济困难的人群，通过运用金融服务方法，如金融知能的教育、金融治疗、金融倡

---

① Reeta Wolfsohn, "Practitioner profile: An Interview with Reeta Wolfsohn," CMSW. *Journal of Financial Therapy* 5, no. 1(2014): 86—91.

② Reeta Wolfsohn, *Financial Social Work: Basics and Best Practices* (North Carolina: Center for Financial Social Work, 2012), pp. 3—17.

导、资产建设等，以提升服务对象和社会的福利水平。① 金融社会工作立足于通过专业化的介入，让人们对自己的金融行为有一个主动清晰的规划，对面临的金融问题作出正确的选择，并将金融社会工作的服务作为促进长期金融行为改变的一个过程。

（三）金融福祉：金融社会工作的目标

经济全球化带来社会环境的巨变，随着经济环境变化、劳动条件的改变和数字金融技术的发展，金融财务已与个人、家庭、社会的福祉息息相关，各类金融活动深入经济社会生活的方方面面，金融知能对于普通群众及其家庭来说已成为必备素质。社会工作关注的核心是“人在情境中”的问题，因此也应当关注人所处的金融环境，对其进行金融增能。根据一般金融学理论，金融是对现有资源进行重新整合，以实现价值和利润的等效流通，它也是从储蓄到投资的过程。金融具有价值的流动性，它指向未来，具有不确定性，因而也就具有风险性。人们在充分享受现代金融带来的便捷、舒适、高效的美妙生活的同时，如果管理不当，现代金融就有可能对个人、家庭、机构乃至社会、国家产生难以估量的负面影响。②

2008 年全球金融危机让世人开始反思传统资本市场和金融模式的弊端，社会工作学界也积极思考在经济全球化、社会金融化的大背景下，如何更好地为服务对象尤其是中低收入人群提供相应的金融支持和服务。因此，运用社会工作专业理论、方法和技巧直接回应服务对象经济、钱财方面问题的

① 林典：《金融社会工作：缘起、内涵与实务》，《社会工作与管理》2019 年第 2 期。
② 方舒：《“杀猪盘”事件的金融社会工作视角分析》，《中国社会工作》2019 年第 25 期。

金融社会工作在理论层面和实践层面逐渐形成了。[①] 金融社会工作通过对个案的金融赋能，最终目标是增进整个社会的金融福祉，实现社会的经济正义。

二、金融社会工作的具体举措

在社会工作专业理论和实务的基础上，经过20多年的发展，金融社会工作目前已经形成了五大干预手法，具体包含金融教育（financial education）、金融咨询（financial counseling）、金融训练（financial coaching）、金融治疗、资产建设。[②] 这五大干预举措并非严格独立的。在实际操作过程中，针对具体的服务对象、服务议题，这些举措肯定会有相互交织和重叠的情况。具体到金融扶贫过程中，金融社会工作从培育金融知能、协助资产建设、推进普惠金融三个方面展开。

（一）前提与基础：培育金融知能

在金融日趋专业化的背景下，经济弱势群体最基础的需求是金融知能的培育。知能包括知识和能力。金融知能，意为“让一个人能够认知并且有效运用财务资源的知识和能力”，简而言之就是辨识财务信息的知识和处理财务问题的相关技巧。对未接受过相关金融财务专业知识背景训练的一般大众而言，我们通常会通过原生家庭以及个人实际生活中的收支经验来获取、习得财务认知和处理的相关知识能力。[③] 金融社会工作对金融知能的培

① 方舒：《金融社会工作介入反贫困：何以可能与何以可为》，《中国社会工作》2019年第31期。

② 方舒、兰思汗：《金融社会工作的本质特征与实践框架》，《社会建设》2019年第2期。

③ 张素菁、邱淑芸、赖政昌：《跨专业脱贫策略的可能》，《金融社会工作高峰论坛——金融社会工作发展的探索与应用会议手册》，2016，第19—28页。

育指的是面向个人和家庭，利用评估和干预的措施，增强服务对象的心理社会功能并增加其经济资产。

谢若登等指出，金融社会工作视野中的金融能力是指“个体的金融知识、技能和理念与他们所能享有的金融服务和金融产品之间互适互促的一种状态”。这是对阿马蒂亚・森提出的“可行能力”概念在个体的金融维度和钱财方面的具体阐释。① 沃尔夫森指出，缺乏金融信息和知识是个人产生金融恐惧的原因之一。因此，提出要推动服务对象长期的金融行为转变，金融社会工作需要重视对四项核心要素的认知，其中一项就是金融信息和知识。② 促进金融知能的发展，是金融社会工作参与扶贫的基础性举措，接受金融教育是个体顺利完成金融社会化的重要手段。通过金融知能培育来缩小金融知识与贫困户之间的信息距离，有助于激活贫困户发展的内生动力，从而巩固脱贫成果，实现贫困户的可持续发展。

国务院印发的《推进普惠金融发展规划(2016—2020 年)》提出，“发展普惠金融，为服务对象，尤其是经济弱势群体提供适当、有效的金融服务”，明确提及要加强对公众的普惠金融教育和金融权益保护，但其中并没有提及具体负责的专业机构和主责工作人员。金融社会工作作为金融扶贫在个体层面的有力补充，可找寻途径去积极参与对金融困境人口的普惠金融教育。对于经济弱势群体和贫困家庭而言，金融知能的培育是一个长期的行为改

① Margaret Sherraden, Julie Birkenmaier and J Michael Collins, *Financial Capability and Asset Building in Vulnerable Households: Theory and Practice* (New York: Oxford University Press, 2018): p. 5.

② Reeta Wolfsohn, *Financial Social Work: Basics and Best Practices* (North Carolina: Center for Financial Social Work, 2012): pp. 3—17.

变过程，需要专业力量持续着力。

（二）保障与发展：协助资产建设

资产建设是谢若登提出的旨在反思美国反贫困社会福利以收入为本的一种政策范式，为穷人提供具有长远目标的储蓄资产，并在资产基础上促进储蓄和金融能力的发展，以期实现远景目标。谢若登将收入和资产比喻为“泉流和池塘”。他认为，收入和资产是金融资源的不同形式，作为泉流（收入）和池塘（资产）的水资源（金融资源），两者都具有重要的价值。他指出，穷人在很大程度上或者大部分情况下不具备充足水源（收入），若再缺乏池塘（水资源的储备）中的水资源，一旦遭遇风险的冲击，他们的“收入链”就会立即遭受损坏。让每个人拥有持续的稳定的河流（收入）是一件可望而不可即的事情，当依靠收入救助的方式不能改变穷人困境的时候，转向以资产积累为基础的救助方式不失为一种可选策略。① 这一理论也印证了上文“特惠贷”案例中贫困人口的抗风险能力较弱，因此风险厌恶程度高的现实。

谢若登提出资产建设理论后，美国出现了一批福利政策创新性工具，其中个人发展账户和儿童发展账户是最具代表性的两种。这一理论和实践的影响十分广泛，在北美、欧洲、亚洲都有国家和地区采取了资产建设方式设立发展账户，促进贫困治理。在我国，陕西省分别给 12～14 岁贫困儿童和 3～6 岁残疾儿童设立了儿童发展账户，为他们提供储蓄配套、支取限制以及金融教育与亲职支持等课程。项目实践及有关研究的结果表明，儿童发展账户的创建，提高了家庭与儿童个体的金融可及性与生计发展动力，贫困儿

① 方舒、兰思汗：《金融赋能与资产建设——金融社会工作教育、研究与实务国际研讨会综述》，《开发研究》2019 年第 2 期。

童和残疾儿童对资产积累、儿童发展账户和理财知识有了更深入的了解，儿童与家长间实现了更加积极的代际互动。邓锁认为，这是资产建设理论在中国本土化进程中的有益尝试，体现了一种以合作生产为特点的发展性社会服务模式，有利于实现多元福利主体参与的社会服务整合。尽管儿童发展账户在其实践中仍然面临着政策与专业支持的挑战，但这一项目探索对于解决贫困的代际传递难题有着积极启示。①

通常，资产建设会按照“起步资助＋中期储蓄＋金融训练＋后续调查”的步骤完成，全过程需要专业力量进行指导、协助和监督。金融社会工作者关注服务对象（需求）和环境（机会），通过整合环境资源来协助服务对象进行资产建设，是参与贫困治理的专业力量之一。

（三）桥梁与链接：推进普惠金融

金融社会工作参与精准扶贫还应当与金融系统密切合作，协助构建更加完善的金融支持体系。对此，闫薇等指出，普惠金融对象和精准扶贫对象高度重合，在一定程度上说明缺乏普惠金融是导致贫困、导致个体和家庭经济发展潜力不足的重要原因。金融系统和机构是实现普惠金融最重要的力量，但是普惠金融的全面实现必须依靠金融系统和社会服务部门的协作。②金融社会工作者凭借其专业能力可在协作中发挥重要作用。

从“人在情境中”的专业视角出发，金融社会工作提出的“金融能力”，是指个体的金融知识、技能与其所能享有的金融服务和金融产品之间互相促

① 邓锁：《资产建设与跨代干预：以“儿童发展账户”项目为例》，《社会建设》2018 年第 6 期。

② 闫薇、黄进、金敏超、周晓春、胡洋：《金融社会工作介入反贫困的作用、挑战与未来展望》，《中国社会工作》2019 年第 31 期。

进的一种状态，包括两个层面：一是微观层面的个体金融素养与金融技能，二是宏观层面的普惠金融机会。这一理论框架受到阿马蒂亚·森的“可行能力”概念的启发。简言之，个体只有在拥有金融知能，同时享有符合他们需求的金融产品与服务的条件下，才被视为拥有金融能力。可以说，享有金融服务、拥有必要的金融知能是实现金融能力的两大前提。在金融能力理论框架中，金融社会工作聚焦“赋能”必须涵盖个体金融知能和普惠金融产品两个方面。

囿于金融知能缺失或普惠金融产品缺位，经济弱势群体和贫困家庭很难享受到他们需要的无偿或低偿的产品与服务，而不得不使用高风险的非主流产品。[①] 金融社会工作者是微观层面的桥梁：面向贫困人口，需要了解金融机构提供的小额贷款、贴息贷款、小额保险、发展账户等普惠金融产品，以自身的专业性和足够的金融知识进行宣传推广和量身定制；面向金融机构，则可协助贫困人口表达需求、沟通诉求，协助金融机构提供适合该地区该群体的普惠金融产品。

此外，考虑到金融服务往往与受助者所面临的其他需求（如与家庭暴力受害者相关的经济独立需求、儿童抚养需求、个人精神健康治疗需求等）纠缠在一起。金融社会工作还有聚焦个案采取心理取向的治疗的金融治疗、收入及其维持、财务管理与消费支出、信用管理、金融安全与风险防范等一系列议题，在后续巩固脱贫成果、助力乡村振兴的社会进程中还将发挥更多作用。

① 黄进、玛格丽特·谢若登、邹莉：《普惠金融与金融能力：美国社会工作的大挑战》，《中国社会工作》2018 年第 28 期。

本章小结

贴息贷款是扶贫开发的传统手段，然而资金瞄准性、资金效率和回收率一直是困扰政策效果的三大难题。借助于精准识别，扶贫贴息贷款将授信对象确定为建档立卡贫困户，有效防止了贷款资源漏出。但资源瞄准仍未消除贴息贷款的核心困境：小农经营产业风险大，金融扶贫难以扶助起产业发展，贷款资金没有去向，大范围存在“政府想给，贫困户却不想要”的悖论。

为此，贵州省“特惠贷”项目推动政策创新，试图构建企业、金融机构、政府与贫困户的利益联结机制，采取贫困户集中贷款入股、龙头企业集资分红模式，使贷款有去处、有收益。这一模式理论上保障了贫困户可通过分红脱贫、企业可获得流动资金、金融机构增加贷款安全，然而这一利益联结机制却在贫困户层面遇冷。

究其原因，贷款性质决定了贷款主体对贷款负有全部还款责任。贫困户作为贷款主体，必须保证及时还款，因此必须信任入股企业有信誉、有能力及时还款。然而受传统熟人信任模式影响，加之贫困户的信息获取能力较弱，其难以对入股的外来“龙头企业”建立起信任。在当前政府公信力受损的情况下，地方政府作为中间人的介入也无法弥补这一信任缺失。也就是说，集中用款模式的资金去向超越了地方社会，超出了传统乡土社会的信任范围。

破解此类困境也成为金融社会工作在助力精准扶贫过程中需要努力的方向之一。为此，我们应把握好以下两个方面：一方面，通过加强基层政府人才引进、增强基层政府行政能力等途径提升政府公信力，这对于任一惠民政策的执行都至关重要；另一方面，我们应当意识到入股企业的性质会影响贫困户的信任构建，从而成为扶贫利益联结机制建立的关键性因素。也就是说，在深度贫困地区的集中用款模式中，贷款资金流向直接影响贫困户的贷款意愿。在“大户带小户”的合作社模式中，贫困户遭遇的是经营风险而不是信任危机，但是在投资龙头企业的用款模式中，贫困户表现出了更多信任担忧。因此，我们应当思考采用何种资金流向渠道、以何种方式经营贷款资金才能够得到贫困户的信任。这方面，贵州塘约村的经验可资参考。在塘约村实行的“村社一体，合股联营”模式中，村党支部书记带头成立村级合作社，土地流转对象与产业经营主体都是村集体，由此得到了包括贫困户在内的全体村民的信任，极大地激发了贫困户的发展参与热情。通过熟人社会抱团取暖发展，两年内全体村民将塘约村人均年收入从 4 000 元增加到 1 万余元。

在具体执行层面，贫困户金融知能的匮乏和对普惠金融产品的不理解都是金融社会工作可以介入的空间。参考金融社会工作创始人之一谢若登提出的以“资产建设”促进贫困治理的理论和方法，将用款的目标设置为长远的发展性目标，增加用款监管和指导，能够更充分地发挥出扶贫贷款的作用。

金融扶贫贷款类项目的落地必须抓好两个方面的工作。一是需要构建社会信任，尤其需要赢得贫困户的信任。推进贷款扶贫必须考虑到传统文化等地方性约束下信任构建的模式，只有将资金投入贫困户熟悉并信任的渠道、吸收当地能人参与项目发展和资金管理，才能实现金融支持下的脱贫发展。二是引导金融社会工作介入，缩小普惠金融产品与贫困人口之间的信息差距。通过提升金融知能、促进资产建设等方式，增强贫困人口的可持续发展能力，有助于进一步巩固脱贫成果，实现与乡村振兴的有效衔接。谢若登提出金融社会工作“金融能力与资产建设”新范式：只有将宏观层面的普惠金融机会与微观层面的个体金融能力相结合，使两者互动，产生合力，才能真正实施反贫困任务并取得实效。[①] 本章中小额贴息贷款遇冷的案例揭示出，在金融精准扶贫过程中，宏观层面的政策导向、中观层面的普惠金融产品和微观层面的个体金融赋能缺一不可，只有三者结合才能取得金融扶贫的成效。

① 方舒：《金融社会工作介入反贫困：何以可能与何以可为》，《中国社会工作》2019 年第 31 期。

第七章 全人视角下社会工作介入健康扶贫*

健康扶贫是在脱贫攻坚的背景下，国家为了解决大量因病致贫和因病返贫问题而提出的一项贫困治理方案，同时也是《"健康中国 2030"规划纲要》在农村地区的一项重要行动布局，是为实现全面建成小康社会的伟大目标而实施的重大扶贫工程。农村健康扶贫政策的实现不仅有利于巩固精准扶贫的效果，同时也能助推"健康中国"这一重大战略部署的实施。因此，我们通过对贵州省 T 县开展实地调研，提出我国农村地区存在着一种"贫病交加"的循环机制。农村健康扶贫政策是围绕这一循环机制而设计的，地方政府希望通过健康扶贫的预防层、诊疗层、补偿层和发展层的层层干预来切断贫困的循环传递。从政策逻辑上看，T 县的健康扶贫政策体系能够起到精准切断的作用，而从"身体""心灵""社会"等三个维度来看，健康扶贫还有待深入推进。社会工作介入健康扶贫的基层实践，在实现供给侧结构性改革、

---

* 本章引自陆婵媛：《脱贫攻坚背景下农村健康扶贫的实践路径研究——以贵州省苗县为例》，硕士学位论文，华东理工大学，2017，部分内容有修改和延伸。

提供多元化健康服务、转变贫困人口被动地位和助力政策完善等方面，都可以发挥积极的作用。

第一节　贫病交加：农村“疾病—贫困”的循环机制

在贫困的农村地区，疾病与贫困往往相伴而生，存在着一种贫病交加的循环机制。健康贫困不仅是因病致贫人口的一种健康水平低下的客观状态，而且是贫困农村地区在资源匮乏、生存环境恶劣和贫困文化落后等因素影响下的一种区域性表现。本节将结合贵州省T县的贫困现状，从因贫致病和因病致贫两条分析路径具体探究贫困农村地区“疾病—贫困”的循环机制。

一、贵州T县的贫困现状与特征

T县位于贵州省黔东南苗族侗族自治州中部，地处云贵高原向湘西丘陵过渡斜坡上的清水江畔。T县相对封闭，居民很少与外界交流，农耕文明和自给自足的小农经济形态在这里得到了保留。T县的封闭性主要体现在三个方面：一是地理位置的封闭性。T县的道路交通体系是近几年才开始逐步发展起来的，大山的阻隔让外界很难进入这块“世外桃源”。二是思想文化的封闭性。在T县，无法理解、使用汉语和汉字的人近50%，报纸、电视、广播这些宣传媒介在封闭的村寨中根本无法起到宣传作用。领导干部队伍也很少外出学习培训，容易形成自我闭塞的氛围。三是经济体系的封闭性。农村老百姓还处于一种奉行部落经济、村寨经济的状态，没有实行机械化农耕生产，完全依靠人力和畜力，农民生产出来的农作物并不会进入商品市场，而是用来满足家庭需求，因此无法进行商品交换。T县的封闭性和落后性使其基本公共服务发展十分落后，教育、卫生等基本公共服务严重不足且质量低下，青壮年劳动力缺乏必要的职业技能，发展能力不足。这些因素都对T县的整体发展产生了负面影响。

二、因贫致病：深度贫困地区健康风险的主要来源

首先是自然条件制约，主要表现在缺乏健康生存环境。在T县的农村，吊脚楼下通常用来养猪、牛、鸡、鸭等，导致住所周边的空气质量较差，农户又缺乏防护措施，人畜疫情的交叉感染情况时有发生。在饮用水方面，由于山地海拔较高，自来水的水压不够，农民挑水、饮水主要依靠走山路，这些水源的水质没有经过检测，安全性难以保证。厨房的卫生状况相对较差，甚至会出现人畜食物共用一个厨房处理的现象。T县的交通不便，虽然基本上实现了乡镇通柏油路、中心村通公路，但乡村公路等级低，“晴通雨不通、通路不通车”的问题仍然没有得到较好解决。即使患了较为严重的疾病，有些贫困户也会选择“拖一拖”“忍一忍”，因为外出就医非常不便。当贫困人口发生突发性疾病时，因交通条件限制，120急救车无法及时到达患者家中，以致常常错过最佳救治时间。较差的地理位置、恶劣的自然环境和落后的基础设施，使得T县的农村人口面临着较高的生存风险，因此整体的健康水平也较低。

其次是贫困文化影响，健康观念落后。T县是苗族人口高度聚居的县

域，在相对封闭的地理环境和文化环境中会形成一套自己的价值观念和行为模式。环境的封闭性、教育的落后性和知识水平的局限性使他们难以及时获取外界的信息，并与国家整体的社会经济发展趋势相脱节，在一定程度上加剧了其贫困程度，主要表现在以下三点。一是农村的医疗观念落后。T县的大部分村寨还流行着“巫师作法”的治病土办法。当地的人们认为，人生病是由于沾染了“不干净的东西”，必须通过“作法”的方式才能够驱除，他们对于西医的治疗方式并不认可。同时，受苗族传统的“巫蛊文化”的影响，人们常常用“解蛊”的方法对待处于痛苦中的病人。这种方法无法治愈疾病，有时会贻误救治的最佳时机，造成无法挽回的损失。二是“多子多福”的观念依旧浓重。据了解，一对苗寨夫妇生两男一女在当地被视为“最好的生法”，因此每户人家至少会生三个孩子，有的夫妇甚至会生八九个孩子。频繁生育不仅会对妇女的身体造成过重的负担，还会加重家庭的经济负担。三是村寨中无论男女老少大都喜欢饮酒。即使是在孕期的妇女，不少人遇到村寨中的节庆活动时也会开怀豪饮。饮酒虽然具有抵御寒冷湿气入侵等好处，但长期无节制饮酒也严重影响了人们的身体健康。

最后是医疗资源短缺，医疗服务可及性差。T县全县共有2家县级医院（县人民医院和县中医院）、8个乡镇卫生院（3个中心卫生院、5个一般卫生院），156个建制村设148个村卫生室（卫生院所在村不设卫生室）、18个个体诊所。虽然在数量上，T县的基本医疗机构配置达到了一般县域要求，但是在服务能力上却存在不足，主要是医疗资源的可及性差。虽然目前各建制村大都设有村卫生室，但是没有村医进行管理的“空壳”村卫生室占20%左右，根本不具备开展医疗服务的基本条件。而乡镇卫生院，除中心卫生院外，专业检验人才的缺乏导致很多检查项目无法进行，甚至有的乡镇卫生院持有执业医师执照的医生只有院长1人。代表县最高诊疗水平的县人民医院的80位医生中，没有行医资格的占比超过50%。另外，基层医疗机构承担了过多的基本公共卫生工作，导致医疗服务无法开展。基本公共卫生服务包含13项基本内容，每一项服务都由村医和乡镇卫生院具体执行，每季度都进行随访和筛查工作，需要填写的资料内容繁多，工作量巨大，导致村医和乡镇卫生院没有足够的精力开展日常的医疗工作。

三、因病致贫：农村贫困人口的脆弱性

第一，制度性排斥导致社会权利缺失。新型农村合作医疗（以下简称“新农合”）作为一项基础性医疗保障措施，没有强制性，而是农民自愿缴费参保。因此，新农合虽然是一项基本医疗保障制度，但在一些农村地区却不具有普遍性。随着个人缴费金额的不断提升，部分贫困人口因无力缴费而被排斥在了制度之外。当缺乏制度保护的农村贫困人口发生健康风险时，根本无法承担疾病带来的巨额支出和收入损失，从而陷入更深程度的贫困之中。在农村，低保户、贫困户的评定是由村民民主评议产生的，虽然各级政府都会有一些明确的评定条款和标准，但真正下放实施时这些条款往往会被简化甚至是虚化。一方面，村民文化程度和知识水平有限，无法完全理解有关政策条款，执行过程中存在困难；另一方面，农村社会的人际关系相对复杂，利益分配不仅要考虑客观事实，还要兼顾各方平衡。

第二，低收入高支出导致支付能力不足。农村贫困人口脆弱性的一个集中体现就是支付能力的不足，一方面是农村贫困人口的收入较低，另一方

面则在于医疗费用增长过快。农村居民的可支配收入少但消费支出高，这就决定了他们很难再有多余的家庭储蓄来支撑患病后日益高涨的医疗费用，或是投入额外的健康资本，如购买商业医疗保险等。而贫困地区的农村居民受地域资源的限制和环境因素的影响，是疾病风险的高发人群，缺乏风险分散机制保护的农村人口在医疗费用的支付能力上远不如城镇居民。收入增长慢、水平低，消费支出高以及医疗费用的快速增长，大大削弱了农村贫困人口对于医疗服务的支付能力。这一支付能力的不足使得他们在面临疾病风险时无法采取有效的应对措施，从而陷入物质、健康和心理三重困境之中。

第三，物质人力资本双匮乏，发展能力受限。当疾病发生时，首先削弱的就是患者的劳动能力。如果患上大病而无法治愈，就会使患者丧失劳动能力，导致家庭收入在短期内急剧减少，甚至永久性失去一项收入来源。此时，患者可能连基本的生活都无法保障，甚至引发整个家庭陷入贫困。为了满足基本的生存需求，家庭内部就会重新整合和配置资源。在现金和储蓄存款被大量消耗直至难以支撑生活时，农村贫困人口的第一策略就是减少支出，一方面削减食物开支，另一方面减少家庭的健康投资，例如将病人转诊到收费更低、报销比例更高的基层医疗机构，或者是选择放弃治疗。这种做法会使得原本抵抗风险能力就十分脆弱的贫困人口面临更大的健康风险——加重病情或者是产生新的疾病。如果有些疾病具有遗传性，就会使下一代遭受同样的困境，造成贫困和疾病的“双重代际传递”。在减少支出的同时，农村贫困家庭也会通过变卖物质资产或生产工具的方式来获得现金收入以维持基本的生活。例如，他们会变卖土地、房子、拖车、三轮车等，失去了基本的生产工具，就无法进行正常的耕种，产量和收入会进一步减少。这些因素都影响了家庭未来的发展能力，从而加剧家庭的贫困程度。贫困人口不仅会减少对健康资本的投资，而且会减少对人力资本的投资，致使家庭人力资本受损，从而影响家庭长期发展的能力。对人力资本投资的减少体现在两个方面：一方面，减少对自身就业技能的培训；另一方面，减少对子女的教育投资，让他们外出打工赚钱，以开拓家庭收入的新渠道。在T县，女孩子在完成九年的义务教育之后继续升学的比例很低，"女孩子读书无用"的观点在很多农村家庭中依然存在。低水平的人力资本对应的是低技能要求、高劳动付出的低收入岗位，外出打工的年轻人可选择的工作种类非常少，只能以体力劳动为主，大多数工作都缺乏必要的劳动保护，极易染上一些职业病，对身体造成不可修复的损伤。在J村，大多数年轻人都会去东莞从事不锈钢餐具的抛光打磨工作，由于缺乏防护措施，因而吸入过量的金属粉尘后诱发了硅肺病。这一现象是人力资本受损后，贫困人口健康资本被进一步侵蚀的突出表现。

四、贫病的循环累积呼唤健康扶贫

由上述分析可知，因贫致病的作用路径是，由贫困引发的健康风险加剧，农村贫困人口更易患病，而贫困人口自身抵御疾病风险的能力具有脆弱性，导致物质资本的减少和人力资本的受损。贫困人口的长期发展能力受到限制，造成其收入低下，进一步陷入贫困。具体循环机制如图7－1所示。

贫困地区的生存条件恶劣，人们的健康观念落后，加上医疗资源稀缺，

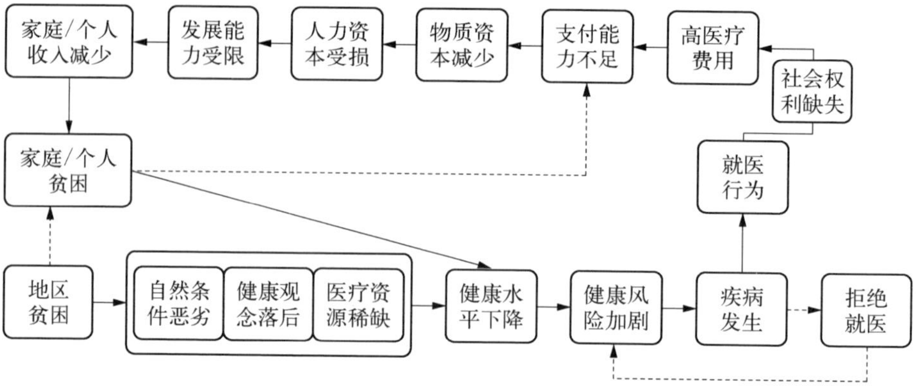

图 7-1 “疾病—贫困”循环机制示意图

使得当地居民健康水平普遍低下。家庭的贫困会进一步拉低贫困人口的健康水平，导致健康风险加剧。当疾病发生时，农村居民通常分别会采取两种策略，一是拒绝就医，二是积极就医。拒绝就医会使病情进一步恶化，把“小病拖成大病”；而积极就医者却会因为较高的医疗费用和较低的家庭收入导致支付能力不足，这时为了继续治病，贫困人口通常会变卖家庭的物质生产资料或者是借债来筹措医疗费用，造成家庭物质资本急剧减少。随后贫困人口便开始调整家庭的资本投入策略，即减少对子女的教育投入或者是对自己能力培养的投入，最终导致自身发展能力受限，无法获得更多的收入，从而陷入深度贫困的状态。这种状态会使贫困人口的健康水平进一步下降，形成了“疾病—贫困”双向的恶性循环。

全人视角认为，健康必然是整体性的、统合的，躯体健康、心理健康、社会关系健康和环境健康都是密不可分的。在“疾病—贫困”循环机制中，地区性贫困所引发的正是社会关系和环境健康的恶化，进而引发后续躯体健康、心理健康的再度恶化。

第二节　精准干预与因人施策：T县健康扶贫的政策体系

“疾病—贫困”循环机制最终会导致贫困人口的贫困程度进一步加深，使其进入“因病滞贫”的深度贫困状态。贵州省T县在脱贫攻坚战中也认识到了这一恶性循环机制在农村地区所造成的严重后果，因此在健康扶贫过程中围绕这一循环机制，从“时间—空间”的维度构建了一个多层次的干预政策体系，希望通过层层的政策设计来减少因病致贫现象。这一节梳理T县现有的健康扶贫政策体系，考察T县是如何就“疾病—贫困”循环机制作出具体的政策回应的，并初步分析该政策的实施效果。

一、预防层：健康风险防范

正如上文所述，T县农村的自然环境相对恶劣，卫生状况不佳，连基本的饮用水安全都无法保障，农村人口的健康状况堪忧。因此，自开展扶贫攻坚工作以来，T县从搬迁和改造两条路径出发改善农村居民的居住环境。第一条路径是实行易地扶贫搬迁，对那些大规模基础设施建设存在困难以及山地滑坡、泥石流灾害频发的村寨进行整村搬迁。把“一方水土养不好一方人”地区的农村贫困人口搬迁到生存与发展条件较好的乡镇，从根本上改善居民的生存居住环境，减少恶劣的自然环境对农村贫困人口健康的负面影响。第二条路径是对农村人口的居住环境进行就地改造，例如加强卫生整治和基础设施建设，以改善整体居住环境。

为了转变农村人口的健康观念，让他们认识到日常保健的重要性，T 县大力举办健康教育活动，包括印发健康教育资料、播放健康教育影像资料、布置健康教育宣传栏、开展公众健康咨询活动、举办健康知识讲座、进行个体化健康教育等。妇幼儿童的健康水平一定程度上决定了一个地区的健康人力资本的水平，因此必须尽早对妇幼儿童的健康进行监管和干预。为此，T 县开展了“生育健康全程服务”，内容包括免费孕前优生检查、出生缺陷干预、儿童营养包等三级服务，通过采取这些干预手段尽可能减少出生缺陷率，保证儿童的基本营养摄入。

对于患有高血压、糖尿病等重点慢性病的农村人口，村医每月逐家至少入户随访一次，更新检查数据，根据病人的病情进行必要的药物控制，在多次药物控制无效后再转诊至上级医院治疗。通过对重点人群的管理，T 县高血压、糖尿病的患病人数近几年得到了较为有效的控制。

二、诊疗层：基层医疗机构服务水平提升

一方面，T 县通过国家“一对一帮扶”政策，增强了医疗服务能力。T 县的医疗卫生对口帮扶是由浙江省杭州市余杭区联合贵州省以及黔东南苗族侗族自治州的三甲医院进行的，形成了对县医院、乡镇卫生院、村卫生室“自上而下”的多级帮扶体系。帮扶单位不仅在设施设备上给予大力支持，同时派出上百名专家入驻各级医院，在医院管理、业务开展和人才培养方面提供全方位的支持和帮助，以“大病不出县，小病不出村”为目标，提升 T 县各级医疗单位的服务能力。

另一方面，落实家庭医生签约服务，提高医疗服务的可及性。家庭医生

签约服务打通了农村人口就医通道，进一步实现了医疗卫生服务均等化，形成了基层首诊、分级诊疗、双向转诊的就医格局，为农村居民医疗提供了保障。T县于2017年7月开展家庭医生签约服务工作，由县人民医院、乡镇卫生院、村医组成签约医生服务团，与农村居民进行一对一签约。以贫困户、重点人群（高血压、糖尿病、结核病患者，老年人，严重精神障碍患者，0～6岁儿童，孕产妇，残疾人）为重点签约服务对象，其中要求贫困人口全部覆盖，重点人群覆盖率达60%以上。每个乡镇都会有5～6个签约服务团队可供农村居民进行选择，签约的医生可以通过电话问诊的方式对服务对象进行初级诊断，根据诊断结果再决定是否向上级医院转诊。在转诊时，签约医生可以为服务对象进行挂号预约并安排与住院相关的事宜。当服务对象到达医院时，可由绿色通道直接进入诊疗程序或者住院，而无须等待排队。

三、补偿层："四重医疗保障"

补偿层的健康扶贫政策是以医疗保障为重点，通过建立和完善农村医疗保障扶贫体系来减少农村人口因病致贫和因病返贫的问题。在"赫章经验"①的基础上，T县完善了原有的三重医疗保障体系，将它进一步拓展为"新农合＋大病保险＋医疗救助＋医疗扶助"的四重医疗保障体系。四重医疗保障以"资助参合"为基础，以"两提高、两降低、一减免"②为手段，以专项

① "赫章经验"是贵州省赫章县整合资源优化流程所实行的"三级兜底"医疗保障体系，我们称其为"三重医疗保障"的"赫章经验"，即"基本医疗保险＋大病保险＋医疗救助"的保障模式。这一保障模式从2013年开始实行，2015年开始在全省推广。

② "两提高"即提高普通门诊和普通住院报销比例、提高大病保险报销比例；"两降低"即降低普通住院和大病保险起付线；"一减免"即经转诊在省级新农合定点医疗机构住院的不设起付线。

扶助为补充，希望通过提高农村贫困人口的医疗保障补偿水平来减少贫困的发生。

新农合是四重医疗保障中的第一重保障，也是实施最早、在农村地区覆盖最广的医疗保障制度。新农合自2007年开始在农村地区实施，从最初50%不到的参合率，到目前95%以上的参合率，发展逐渐成熟。资助参合是新农合起到缓解因病致贫作用的基础和前提条件，如果贫困人口未被纳入新农合的保护伞下，就如漏底的木桶，即使补齐四周短板也依然无法“蓄水”，贫困现状难以得到根本的改变。资助参合的资金由民政部门、残联、卫计局等出资解决，并通过统筹为农村居民提供基本的医疗保障。

第二重医疗保障是其大病补偿机制。新农合大病保险工作于2016年正式开展，按照参合人员人均筹资费用6%左右从新农合基金中提取大病保险基金，为参合人员购买商业大病保险。当参合人员的住院费用经新农合补偿后自费部分超过一定金额时，大病保险的补偿程序就会自行启动。表7-1是T县新农合大病保险普通参合人员和精准扶贫建档立卡贫困人口补偿政策的对比表。从补偿起付线上看，普通参合人员的起付线降到了5 000元，而贫困人口只需3 000元；在补偿比例上，贫困人口的也比普通参合人员的高出了10%，贫困人口在补偿的保底费用上也是普通参合人员的2倍，由100元变成了200元。作为新农合的一个重要补充部分，大病保险延续了新农合在扶贫攻坚阶段的“亲贫性”特征，进一步提高了对贫困人口的保障水平，在保证公平性的基础上不断将医疗福利向贫困人口进行倾斜。

表 7－1　新农合大病保险补偿方式对比

<table>
<tr><th colspan="2">补偿条件</th><th colspan="2" rowspan="2">大病保险
补偿比例/%</th><th colspan="2" rowspan="2">非转诊或非备案
补偿比例/%</th><th colspan="2" rowspan="2">年度内保底
补偿金额</th></tr>
<tr><th>普通参合人员</th><th>贫困人口</th></tr>
<tr><th>个人合规自付医疗费用年度累计超过 5 000 元部分</th><th>个人合规自付医疗费用年度累计超过 3 000 元部分</th><th>普通参合人员</th><th>贫困人口</th><th>普通参合人员</th><th>贫困人口</th><th>普通参合人员</th><th>贫困人口</th></tr>
<tr><td colspan="2">1～10 000 元</td><td>50</td><td>60</td><td>30</td><td>40</td><td rowspan="3">100 元（补偿不足 100 元的按 100 元补偿）</td><td rowspan="3">200 元（补偿不足 200 元的按 200 元补偿）</td></tr>
<tr><td colspan="2">10 001～30 000 元</td><td>60</td><td>70</td><td>40</td><td>50</td></tr>
<tr><td colspan="2">30 000 元以上</td><td>80</td><td>90</td><td>60</td><td>70</td></tr>
</table>

第三重医疗保障是民政部门和计划生育部门分别对其重点救助对象的医疗救助部分。民政医疗的重点救助对象是包含建档立卡贫困户中的大病患者在内的 11 类重点保障人群和长期保障人群[①]。计划生育医疗的重点救助对象是参加新农合并属于农村计生“两户”家庭和失独家庭成员[②]。民政医疗救助补偿、计划生育医疗救助补偿以及第一、第二重医疗保障同样采取“现场直补”的一站式结算模式，所救助的民政、计划生育资金由医院现场减免，新农合代付给医院。2017 年上半年，T 县共有 467 名精准扶贫医疗救助对象得到民政、计划生育医疗救助补偿，补偿金额共计 41.4 万元，精准扶贫救助对象医疗保障水平达 93.3%。

① 民政救助对象包括：精准扶贫建档立卡贫困人口中的大病患者；特困供养人员；最低生活保障家庭成员；享受抚恤补助的优抚对象；20 世纪 60 年代初精减退职老职工；艾滋病人和艾滋病机会性感染者；家庭经济困难的精神障碍患者，肇事肇祸精神障碍患者；低收入家庭中的重病患者、重度残疾人以及老年人；因医疗自付费用过高导致家庭无力承担的患者；县级以上人民政府规定的其他特殊困难人群。

② 独生子女户、二女绝育户夫妇及其未满 18 周岁的子女、独生子女死亡户。

第四重医疗保障是针对慢性病人所出台的医疗救助政策，全称是“建档立卡农村贫困人口慢性病医疗兜底救助”，是针对建档立卡贫困户中慢性病患者的医疗救助。慢性病的治疗与重大疾病和普通疾病存在着显著的差异，慢性病大多无法完全治愈，患者只能通过长期服用药物接受控制治疗，整个治疗过程伴随着患者得病后的整个生命过程直至死亡而结束。因此，慢性病人在整个生命周期内的医药费用往往由于长期用药而高于重大疾病患者一次性的治疗费用，而这部分医疗费用是无法通过前面三重医疗保障进行补偿的。T县在2017年开始实施第四重医疗保障即慢性病医疗补偿政策，对象是建档立卡的贫困户且发生规定的29种慢性病①或24种重大疾病②。当政策范围内门诊和住院医疗费用经第一重、第二重、第三重医疗保障补偿后，剩余的个人自付合规医疗费用由慢性病救助基金予以100%兜底救助。

通过实施四重医疗保障制度，T县从减少医疗费用支出的角度极大地减少了因病致贫的概率，提高了贫困人口抵御健康风险的能力，从“因病致贫”的角度切断了因过高的医疗支出所带来的物质资本丧失的贫困传递路径。

---

① 29种慢性疾病：高血压病（Ⅱ期），高血压病（Ⅲ期），糖尿病，心脏病并发心功能不全，脑血管病后遗症（有严重功能障碍），慢性中、重度病毒性肝炎，肝硬化，慢性肾炎，恶性肿瘤放化疗（重大疾病除外），白血病，再生障碍性贫血，类风湿性关节炎，系统性红斑狼疮，癫痫，精神病，活动性结核病，脑出血及脑梗死恢复期，慢性阻塞性肺气肿，慢性溃疡性结肠炎，甲状腺功能减退，肝豆状核变性，帕金森病，重症肌无力，器官移植抗排治疗，肾病综合征，痛风，成年人支气管哮喘，心血管病介入治疗术后一年，风湿性心脏病。

② 24种重大疾病：农村儿童先天性心脏病、儿童急性白血病、乳腺癌、宫颈癌、终末期肾病、重性精神病、耐多药性肺结核病、艾滋病机会性感染、血友病、慢性粒细胞白血病、唇腭裂、肺癌、食管癌、胃癌、1型糖尿病、甲亢、急性心肌梗死、脑梗死、结肠癌、直肠癌、地中海贫血、老年性白内障、儿童苯丙酮尿症、尿道下裂。

四、发展层：脱贫发展能力增强

阿马蒂亚·森在《以自由看待发展》中提出，“自由是促进发展的不可缺少的重要手段”，继而提出了五种工具性自由，分别为政治自由、经济条件、社会机会、透明性担保和防护性保障。它们帮助人们按自己的意愿过有价值的生活，并且相互联系、相互促进，共同作出贡献。而贫困的本质就在于这五种工具性自由无法被满足，从而导致个人可行能力不足。

T县通过“资源变资产、资金变股金、农民变股东”的“三变”方式，让贫困户入股分红，增加家庭收入，无论贫困人口是否付出劳动力，都可以通过产业扶贫项目获得一定的分红收入。这对于因疾病而被削弱劳动力水平的贫困家庭来说，是增加家庭收入的稳定且高效的方式，可以有效解决因劳动力丧失而造成的发展动力不足的问题。如果因病致贫的人口在经过治疗后恢复了全部或部分劳动能力，他们就可以选择到有扶贫资金项目投入的产业项目中从事一些体力劳动，以获取一定的劳动收入①。贫困人口通过增加物质资本积累，获得发展所需的基本要素，例如资金、生产工具等，可以增强脱贫发展的动力，确保“因病致贫”后不会“因病滞贫”。

“因病致贫—因贫致病”恶性循环的结果就是“因病滞贫”，贫困人口及其家庭因常年受疾病的纠缠和拖累而长期停滞在贫困的境地。“因病致贫”路径的前期是一种支出性贫困状态，疾病造成家庭的支出过大，无力承担过高的医疗费用，到后期演变成因人力资本受损而限制了家庭发展脱贫的能力。因此，要实现“健康扶贫”，不仅要解决健康贫困问题，还要注重因病致

① 根据2017年8月对交汪村驻村第一书记访谈的记录整理而成。

贫家庭的后续发展问题，加大对他们的人力资本投资，增强贫困人口的可行能力。T县对建档立卡贫困户的人力资本投资主要体现在两个方面：一是加大对贫困家庭子女的教育投资，二是对贫困家庭的劳动力进行就业培训，提升其就业劳动能力。在教育扶贫方面，T县除了执行国家助学金和免学费政策外，还增加了各个口径对于建档立卡贫困户子女的教育资助。例如，教育局就通过扶贫专项助学金给予就读高中的贫困家庭子女每人每年1 000元的助学金，同时免除其教科书费和住宿费。在民政救助方面，对于有子女上大学的建档立卡贫困户每年给予2 000元至5 000元不等的临时救助。卫计局“万千才富”助学工程给予贫困户在读子女每年一定的助学金。这样的举措可以帮助因病致贫家庭子女摆脱教育困境，逐步保障其受教育权利，提高其受教育程度，鼓励其通过“读书改变命运”，不仅为家庭脱贫增添发展动力和积累高质量的人力资本，同时也为T县经济发展培育和积累自己的人力资本。在就业培训方面，针对因病致贫农村家庭的主要劳动力文化程度不高、无一技之长、务工稳定性不强的现状，T县就业局根据用工市场需求，整合培训资源，积极开展多种适应用工市场需求的劳动技能培训和创业培训，培训工种涉及汽修、苗族刺绣、餐饮服务、水电工等。通过免费的技能培训，T县可以提升贫困人口的劳动力水平，从而提高他们获得劳动收入的能力。

五、健康扶贫保障网的多维度构筑

分析T县的健康扶贫政策，我们可以发现，它是从时间和空间两个维度切断“疾病—贫困”的恶性循环机制的：在时间维度上，从疾病的源头、产生、发展直至结束，都进行着控制管理；在空间维度上，从不同的角度为贫困人口提供健康保障，包括健康风险的预防机制、疾病发生后的应对补偿机制、后续发展的帮扶机制，把健康扶贫与其他扶贫项目有机衔接，可以构建一个长远的健康扶贫政策体系（见图 7－2）。

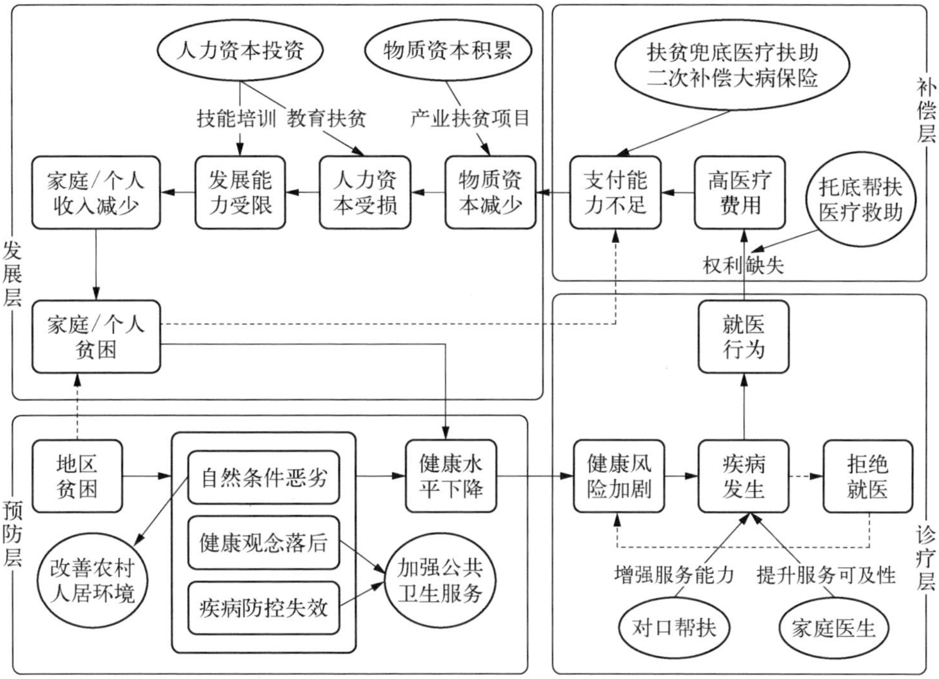

图 7－2　健康扶贫政策体系切断"疾病—贫困"循环机制示意图

从现有的政策体系来看，预防层和诊疗层是对因贫致病路径中的各个因素进行干预，为贫困农村人口提供基础性的环境保障和医疗资源的保障，以提高健康水平、减少疾病发生为目标，弱化区域性贫困因素对农村居民健康水平的影响。补偿层和发展层的措施则回应了因病致贫路径。补偿层通过提供多层次的医疗保障补偿措施来减少贫困人口的医疗费用支出，减轻就医负担，进一步抑制因病致贫。发展层通过对接“脱贫攻坚”的扶贫项目以增强家庭自身的发展能力，以脱贫致富为最终目的。整体的政策设计弱化了“疾病—贫困”循环机制的累积性因果关系，采用政策手段削弱致贫因素之间的联动效应，逐步减少恶性致贫因素的累积，再辅之以发展性的政策措施，通过发展性因素的累积，最终走向脱贫致富的良性循环。

第三节　全人视角下农村健康扶贫的结构性困境

疾病的发生是一个疾病危险因素长期累积的过程。疾病危险因素理论强调要积极地对疾病危险因素进行干预、阻断，尽可能推迟或逆转疾病的发生，这是全人视角下进行健康管理最基本的理论依据。从农村健康扶贫的政策体系来看，T县预防层和诊疗层的健康扶贫策略是通过普惠性的社会福利，降低农村居民整体因贫致病的风险，不具有“对象精准”的靶向性要求，是从整体环境的层面进行改造的。补偿层通过四重医疗保障制度多渠道减少建档立卡贫困人口的医疗费用支出，减轻贫困人口的医疗费用负担，进一步降低“致贫”“返贫”“贫上加贫”的风险，这一层的政策设计具有明显的“精准”特点。从可持续性的角度为“滞贫”人口创造家庭发展脱贫的物质条件和人力资本积累，在“扶不起个人”的情况下尽量“扶起家庭”，切断贫困的代际传递路径。笔者认为，从政策的整体设计逻辑上分析T县的健康扶贫战略，能够有效切断“疾病—贫困”的循环机制，同时也符合全人视角下健康管理的要求，结合贫困人口的需求采取个性化的帮扶措施，从贫困者的身体、心理和社交的全人维度给予政策性的扶助。但是,笔者在实地调研中却发现,在农村健康扶贫的具体实践中仍然存在着诸多现实困境。

一、“身”贫依旧在:医疗能力与政策补偿的不适配

在健康扶贫政策的实施过程中,贫困县域的医疗能力不足是非常突出的问题:一方面,地方财政匹配困难,“只出政策,没有票子”;另一方面,医疗人才匹配困难,“只有设备,没有医生”。贫困人口“身”贫的问题依然无法得到有效解决。

无论是基本公共卫生的开展还是基层医疗机构的建设,项目难以继续推进的一个主要原因都在于县级财政资金的匹配困难。“只出政策,没有票子”是贫困地区农村健康扶贫的一个窘境。在县级财政收入有限、支出不断增加的情况下,县域的资源也在不断遭受周边地区及城市的挤压而不断外流。以新农合基金为例,近几年来,T县的新农合基金都游离在崩盘的边缘,这一现象在黔东南苗族侗族自治州颇为普遍。由于县域内的医疗资源十分有限,医疗技术水平不高,因而大量居民选择外出就医。即使县外就医的补偿比例要远低于县内,且人均医疗费用普遍较高,农村居民也选择到大城市就医,这导致县内的农合基金大量外流,县农合基金的安全性无法得到保障。由于合作医疗资金匹配不到位,加上外流严重,因此贫困县的新农合基金岌岌可危,只能先采取拖欠的手段保证“不崩盘”。但是,这给原本就处于发展瓶颈期的县医院增加了新的压力和负担,制约着县医院的发展和服务水平的提升。

进入扶贫攻坚阶段以来,大量医疗人才涌入T县,从表面上看似乎解决

了医疗人员不足的问题，但是却很难在两三年内为T县建立完备的人才培养体系，培养出高素质的医疗人才。一旦扶贫资源撤出T县，T县就很难依靠自己的人才资源维系扶贫阶段的医疗服务水平，甚至还有可能出现倒退。较高的医疗服务水平不仅依赖于良好的医疗设备，还必须有与之匹配的人才支撑，同时也必须满足农村居民对医疗服务的现实需求。只有形成资源和需求的匹配，才能够真正实现医疗服务水平的提高，健康扶贫的政策设计才能发挥应有的作用。有限的地方政府能力限制了健康扶贫政策的落地和推进，特别是影响了健康扶贫预防层和诊疗层的政策落实。

"四重医疗保障"政策虽然已经落地实施，但在实践中，农村贫困人口要想获得有关政策补偿还存在重重困难。制度设计衔接的最低层次在于"资助贫困人口参合"，虽然精准扶贫政策实施后要求所有建档立卡贫困人口必须参加新农合，但是并未说明"谁来资助"——资助主体不明。民政、计划生育医疗救助基金只对自己部门的重点保障对象进行不同层次的资助，且"保人不保户"忽略了家庭贫困的现实情况，资助范围进一步缩小。不在民政、计划生育医疗救助范围内的贫困人口只能自己借款参合或者放弃参合，实质上被排除在医疗保障的体制保护之外。

目前"四重医疗保障"的"一站式"结算机制尚未形成，除了新农合、大病保险的结算由新农合系统统一结算外，民政、计划生育医疗救助以及慢性病医疗扶助都需要符合要求的贫困人口垫付医疗费用，与定点医疗机构先行结算，而后凭借医疗费用清单、门诊病历、出院小结等规定材料到民政、计划生育部门申请救助。从申请的提交到救助补偿的发放需要两个月左右的时间，手续烦琐，审核时间长，补偿水平又比较低，过度的精力消耗令很多贫困人口望而却步，放弃对医疗救助的申请。目前“一站式结算”覆盖的人群仅包含民政救助中的“五保户”，而其他人群仍然要走“先垫付后结算”的流程，短期内大量的医疗现金支出给其他贫困人口造成了巨大的支付压力。

二、“心”贫易滋生：贫病笼罩与非理性情绪滋生

贫困人口患病会对患者本人的精神状态、家庭关系和社会发展能力产生影响，家庭成员长期陷入窘迫的境地，易遭受身心上的双重打击。下面我们以一个案例来反映现实情况。杨大哥是方召村人，2012 年在干农活儿时摔伤了脊椎，目前瘫痪在床，依靠母亲在村里开小卖部维持生计。

家里有 6 口人。2012 年，我在干农活儿的时候摔伤了，医院说是颈椎骨折。我记不清楚了，当时是在凯里市医院看的，大概花了 8 万元。当时通过新农合报销了一部分(参加新农合已经很久了)。我并不是直接从新农合里报销的，而是出院回家后去合医局报销的，还是需要自己先垫付。现在就是拿点低保，需要长期吃药，合医局这边也没有报销。现在我瘫痪在床，无法去医院，就只能买点药，不能报销了。当时也有民政救助的一点钱，民政局和合医局一共给了六七万元，其中民政局给了 1 万多元。

现在民政方面也没有什么救助，长期买药是达不到民政医疗救助的起付线标准的。农村这边只有基本药物，治大的病只能去县里的药店买，从药店里买药的花费，合医局是不给报销的。现在每年的合医也都是我自己交付的，前两年民政方面会直接将钱交给合医局，但是今年民政方面对于残疾人的低保户就不交这个钱了，我就得自己交。

当时残疾等级定为二级，现在我躺在床上就靠一些辅助性的自制工具做运动。康复训练是自己在家里做的，一个月要吃300多元的药，都是自费的。家里也没有参加什么产业项目，当时从申请民政救助到拿到钱有两三个月的时间。2012年回家后，我就没有去医院检查过，有时候即使感到不舒服，也只是让医生过来吊水，一天吊一次大概要100多元。因为是在私人诊所里看病，所以不能报销。目前方召村没有村医，因为待遇问题原来的村医离开了。

现在吃药看病的负担还是比较重的，小卖部的收入一天也就十几元，还有小孩在上小学，每个人每天都要5元的零花钱，所以压力比较大，谁让我这个样子了呢！也只能赚点孩子的零花钱，等他们大了，我这点钱怕是不够的。小孩的学费是免掉了，但是像保险费用还是要一些的。家里是低保贫困户，低保一个月一个人拿150元，三个人的低保钱是450元。低保的收入无法支撑生活，有时候会去申请民政的临时救助，一年可以申请一次，一次大概是1 000元。

从访谈中可以看到，杨大哥在2012年致残后基本上没有去医院进行过系统的康复治疗，自制的简陋工具并不能起到科学康复的作用。面对因残疾导致的家庭贫困处境，他始终对妻儿觉得“心中有愧”，因此低保派发的钱他全都交给妻子支配，而自己的小卖部的收入也就能给孩子一点零花钱。他对前期伤残鉴定结果颇有异议，而后期救助政策又明显缺位，在访谈时我们能明显感受到杨大哥的不满且无奈的态度。杨大哥对于目前的状况和未来的发展持着一种比较消极的态度，对生活比较悲观，并因长期瘫痪在床而陷入自我否定的心灵困境。

在T县,贫困户因个人过往的生活经验与经历呈现出负面心理和非理性情绪,导致其内生动力不足的情况并不少见。因病致贫的家庭通常处在贫困线上下,对自身的认知往往偏于消极,认为疾病就是命运,不愿再给他人或组织增添负担。即使他们患病陷入了贫困,也不愿意接受他人的帮助,担心欠人情,日后还不起。出于自尊或者面子的考虑,他们也不会主动寻求制度化的救助。受教育或文化影响,他们认为疾病乃个人隐私,不希望有太多的人知晓,更不会主动了解与疾病相关的救助政策。正是在这种消极认知的作用下,贫病人口的心理缺失更为严重,健康状态进一步恶化。

三、“社”贫难破除:健康扶贫医疗资源配置失衡

在扶贫资源向下配置的过程中,原本应遵循的是普惠福利模式,但是在基层的实践中,村庄的社会资本极大影响了扶贫资源的流向,使得扶贫资源的分配朝着对自己有利的方向发展①。正如上文所提,当前精准扶贫的各类资源都是由县级政府进行具体分配和规划的。这就意味着,相对来说,哪一个村庄的社会资本越接近有资源分配权的主导者或者拥有者,它就越能获得更多的扶贫资源,优先获得发展的契机。这种资源分配不均衡的现象在农村基层医疗设施的建设中表现得尤为明显。

【案例比较】

T县革一镇大塘村:一个典型的“被遗忘”的村落,当县内各个村庄都在

① 杨亮承:《扶贫治理的实践逻辑——场域视角下扶贫资源的传递与分配》,博士学位论文,中国农业大学人文与发展学院,2016,第34页。

争取各种扶贫项目资金大力搞发展的时候，它却没有什么动静，没有任何扶贫项目的覆盖。大塘村的村委会主任在两年的时间里换了四任，新上任的村委会主任是村里的养猪大户，文化程度不高，对于村庄的治理和发展没有太多的想法。前几任村委会主任也没有为村里争取到扶贫项目，村庄发展滞后。村卫生室由一个废弃的砖房改建而成，面积不到60平方米，配有一间资料室、一间诊疗室和一间药房。药房内药品稀少，摆放错乱。诊疗室内没有病床，只有两张躺椅，整体条件差。村民很少选择去村卫生室开药或者输液打针，觉得村卫生室常常缺药，打针输液也不管用，宁愿跑远一点，去附近村的卫生室或者乡镇卫生院医治。

T县老屯乡长滩村：一个有源源不断扶贫资源进入的“标杆村”，位于公路旁，地理位置优越，加上上一届村委会领导班子的推动，长滩村被列为重点打造对象。各种养殖种植扶贫项目、农文旅开发项目、基础设施改造项目都落地长滩村，包括长滩村的卫生室也是全T县中面积最大、设备设施最好的。长滩村卫生室共有120平方米，配有资料室、B超室、诊疗室、药房、病房以及办公休息室。这里的药品较为齐全，病房内设有三张全新的病床，并配备空调。村卫生室有一名专业村医，村医的妻子则辅助其填写和整理基本的材料信息。

对比大塘村和长滩村卫生室的差异，我们可以明显看出扶贫资源在两村之间的分配呈现出不均衡性。虽然大多数建制村都有卫生室，但是各村卫生室的条件却存在着很大的差异。在健康扶贫的政策逻辑上，预防层和诊疗层应该是一种普惠性的社会福利，提供的应该是无差别的基本医疗卫生服务。但在实践过程中，扶贫资源的配置出现了差别化，导致村庄之间医疗卫生服务可及性存在巨大差异。

T县健康扶贫政策体系的最后一层是以增强因病致贫家庭的自我发展能力为目的，从产业扶贫、教育扶贫和就业扶贫的维度全方位提升家庭的脱贫能力。这一过程除了要求精准识别贫困人口外，还必须做到资源下沉后精准对接，即扶贫资源必须覆盖贫困户，让他们成为精准扶贫过程中的最大受益者。以产业扶贫为例，养殖种植项目需要一定的资金和技术，而这正是贫困人口所普遍缺乏的。从尽快出成果的视角来看，与其把资金投给没有技术的贫困户，不如交给有能力有技术的“大户”，让他们去发展产业项目，“大户”出于对扶贫资金的渴求而以分红的形式吸纳贫困户，这些贫困户甚至不用参与项目的任何生产环节。在这一过程中，扶贫资源最终流向的是以“大户”为代表的村庄精英群体，贫困人口其实并未被真正赋予自我发展的能力。虽然绝对贫困的现状有所改变，但是其相对贫困的境遇并没有得到改善。通过采取发展层措施对贫困人口“增权赋能”来切断贫困作用路径的方式，在基层实践中似乎是难以看到成效的。

第四节　供给侧结构性改革：社会工作介入健康扶贫何以可能？

供给侧结构性改革是从提高供给质量出发，用改革的手段进行供给结构的调整，扩大有效供给，以增强供给结构对需求变化的适应性和灵活性。供给侧结构性改革思路的提出也为健康扶贫的实践路径提供了新的思考方向，即政府供给的不足可以由市场和社会进行补充。扶贫主体的多元化不仅可以减轻政府在健康扶贫方面的财政压力，还可以进一步提高医疗服务供给的数量和质量，为切断“疾病—贫困”的循环机制提供基础的物质资源保障和人才资源保障。[①] 同时，优化管理体制可以提高健康服务供给的质量，提高资源配置效率，而调整现有错位的配置方式更有利于扶贫公平性目标的实现，使扶贫资源在下沉中实现精准对接。社会工作“以人为本、助人自助”的理念，可以更多地从需求侧即患病贫困户的角度来考虑怎样增强健康扶贫效果，从微观的实践层面破除当前健康扶贫的实践困境。[②]

一、理念供给：助人自助与贫困人口健康权利

英国国际开发署(DFID)在《可持续生计指南》中提出的 SLA 框架强调，减贫政策必须关注穷人资产状态的改善，用积极的态度去审视穷人，强调穷人有自己的解决方案，而不是去代替、组织或者破坏穷人自己的方案。SLA 框架包含了四个核心原则：(1) 以人为中心原则；(2) 响应和参与原则；(3) 多层次原则；(4) 可持续原则。因此，在健康扶贫的资源配置过程中，我们必须把贫困人口作为实践的主导者，转变原有配置中的角色安排。

在以政府为主导的健康扶贫实践中，秉持的是一种以“政绩”为导向的扶贫逻辑，而不是以贫困人口的健康权利为导向，这就说明了为什么政策设

① 冯莉钧、汤少梁、马蓉：《基于供给侧改革的健康扶贫优化路径研究》，《卫生经济研究》2017 年第 4 期。

② 熊怡、王友、李玥：《健康扶贫的医务社会工作介入与社会支持网络构建》，《保健医学研究与实践》2019 年第 6 期。

计上能够实现精准适配，却在实际的资源分配中出现了严重的偏离。健康扶贫实践必须改变农村贫困人口边缘化的社会地位，消除既定社会结构对健康扶贫实践的影响，让农村贫困人口在资源配置中能够处于优先位置和主导地位，成为健康贫困问题治理的重要主体。笔者认为，从社会工作的专业视角出发，我们可以这样来转变农村贫困人口在扶贫资源获取中的被动地位：

一方面，社会工作者要把农村贫困人口从健康管理和健康教育的被动接受者变为自我管理者和健康自治者。首先，发挥农村内生性组织的作用，通过成立农村社区内的健康互助组织来提升健康贫困人口的健康自治能力。组织内部成员相互监督、相互管理，同时也可以增强贫困人口在资源配置过程中的话语能力，帮助他们基于自身的实际需求去争取健康扶贫的项目和资源。例如，可以针对村庄内部因病致贫的具体病因，寻求更具针对性的医疗资源配置和医疗服务的提供。其次，农村居民的健康自治组织建立起来后，可以在组织内部开展就医服务的互帮互助。例如，在居民之间进行健康扶贫政策的宣传，引导农村贫困人口主动利用现有的医疗服务，提高基层医疗资源的使用效率。最后，健康互助组织作为因病致贫人口的“代言人”，应该成为重要的意见表达来源，参与到对象识别和资源配置的过程中。

另一方面，社会工作者要引导村庄精英，把他们转变为贫困村民的代理人。要打破基层资源分配中的“精英俘获”，就必须转变村庄精英的代理人身份——从国家代理人转变为农民代理人，成为农村贫困人口的利益代表者。对上与政府协商，为农村贫困人口争取健康权利保障和发展自身能力的各类资源；对下引导村民进行自我健康管理、自我健康教育和自我能力发展。另外，村庄精英还有一个隐藏的第三重身份，就是他们同普通的村民一样，都处于村庄内部利益交错关系复杂的社会网络中，他们的行为受到自身利益的驱动，还受到来自熟人社会的制约。要转换村庄精英在扶贫中的代理人角色，就要将这种社会关系的制约放大，并且建立起精英群体和贫困群体的利益联结。例如，形成村庄内部成员之间的结对帮扶，在村民的民主评议团中为贫困群体寻找利益代言人。一旦村庄内精英的利益与贫困群体的利益相统一，原有的利益冲突格局就被打破，村庄精英农村代理人的角色就会被放大，而经济理性人的角色就会被缩小。虽然村干部依旧是国家代理人的角色，但在扶贫实践中，国家代理人和农村代理人的角色并不存在根本利益上的冲突，因为国家的扶贫意志也要瞄准贫困人群，两种角色的利益导向和实践目标是趋于一致的。

二、政策供给：制度设计与社会工作服务有机衔接

健康扶贫必须加强顶层制度的设计，增强政策之间的协调性以及“益贫性”，进行以扶贫为核心的顶层制度设计。而真实有效的基层实践数据是在顶层设计的过程中最为缺乏的。此时参与到健康扶贫中的社会工作者就可以通过社会工作专业服务反馈获得关于健康扶贫的第一手资料，为健康扶贫政策的实施收集实践效果数据，进而优化政策设计与实践服务之间的有机衔接，进一步提升政策的精准性。社会工作的介入有助于健康扶贫政策从以下三个方面进行完善：

第一，在对象识别上要突出健康扶贫的目标人群，提高政策的瞄准精

度。健康扶贫主要针对的是因病致贫问题，因此必须明确哪些群体已经因病致贫，哪些群体是可能因贫致病的高危群体。对前一类人群救助的重点是医疗费用的后续补偿，而对后一类人群则更应该注重疾病预防和健康管理。当前精准扶贫的建档立卡工作在基础信息的采集上很难达到精准识别病与贫之间关系的要求，以收入为主的贫困等级判定标准受农村居民主观意愿的影响比较大，瞒报、低报家庭收入的情况屡见不鲜。为更加精准地识别居民贫困水平，我们可以引入专业医务社会工作者，利用专业优势建立基于家计调查和医疗费用核查相结合的因病致贫人口识别机制，通过对新型农村合作医疗系统内医疗费用支出、补偿等数据的分析，结合家庭人均收入情况来综合判断是否属于因病致贫人口和因贫致病的高危群体，为后面的分类救助和分类治疗奠定数据基础。

第二，对因病致贫人口进行信息的精准化管理。多部门间的信息实现实时共享和交换是多部门健康扶贫协同机制形成的前提和基础，而系统的建立和对接则成为重要的技术保障。尤其是在医疗保障方面要实现“一站式”结算，就必须在农合系统中标记出医疗救助和医疗扶助的对象，并加强对象信息的实时维护。各部门掌握的基础信息具有差异性，而对象认定各有标准，如果不能系统地进行整合和管理，就会导致整个政策实施过程的低效。信息数据的有效整合和管理成了健康扶贫乃至整个精准扶贫战略的关键。在这一方面，社会工作也可以从全人视角发挥专业优势，将个案的详细信息纳入健康扶贫的数据库中，帮助基层干部进行信息的实时更新，避免汇总过程中出现数据不准确、不及时等问题，提高信息的精准度和更新的及时性，显示出扶贫工作的“精准度”。同时，社会工作者在扶贫过程中，可以通过平台帮助农村居民查询家庭能够享受的帮扶政策和惠民政策，了解帮扶成效和申请项目的进度，实现信息的双向互通。

第三，促使政府部门在扶贫实践中的角色转变。在传统的自上而下的资源配置过程中，地方政府占据了主导地位，尤其是在“财权”下放之后，一些基层政府缺乏合理配置大量扶贫资源的经验，又不愿将权力下放，导致整个扶贫资源配置中出现低效和错位。社会工作者应该发挥组织与动员的作用，将基层需求上传给政府部门，帮助县政府从扶贫实践的主导者变为资源的协调者，为以农村贫困人口为主导者的扶贫实践提供所需的资源，充分发挥自身在资源整合和动员等方面的专业能力，协助贫困群体开展扶贫实践，真正成为贫困群体的代理人与协助者。社会工作促使政府角色的转变有利于扶贫资源的流向更有针对性，更加符合贫困人口的实际需求，同时能够进一步调动起农村贫困人口参与健康贫困治理的积极性，实现对贫困人口的增权与赋能。

三、服务供给：健康需求识别与供给主体多元化

精准健康扶贫必须针对贫困地区医疗卫生事业的发展情况，找准基层医疗机构在房屋、设备、人才、服务能力等方面的短板，有针对性地填平补齐，以满足农村居民的基本就医需求。健康扶贫是新的历史条件下，党和政府认识到因病致贫和因病返贫问题后提出的一项系统性的工程。政府在扶贫中的角色不仅是资源的提供者，也是资源的引入者，可以凭借其权威协调各方资源，如东部沿海发达城市对深度贫困地区农村区域的对口帮扶。对医疗机构的对口帮扶，是将医院这一主体引入扶贫工作中，调动城市中大医

院的优势资源去补齐贫困地区的医疗服务短板，通过外部力量的渗入对贫困地区的医疗机构进行全面的、强制性的改造。从 T 县的实践中可以看出，这一方式是能够在短期内取得成效的，因为帮扶医院派出精英团队，包括权威的学科专家、优秀的医院管理者，先进的医疗设备和管理服务理念，从设备技术到服务观念，对贫困地区的医院进行全方位的帮扶。在短期内提高农村地区医疗服务水平，虽然能够通过政府权力得以实现，但是这只是表面上的“改变”，一旦帮扶资源退出，农村地区的医疗状况还是会回到之前的低水平状态，这是政府资源错配的最大缺陷。因此，地方政府必须建立起多元化的扶贫体系，引入社会力量，发挥市场优势，撬动更多的社会公益资源主动进入贫困地区，培育村庄自身的经济体系、人才培养体系和技术发展体系。

设施设备通过行政手段建立起来后，补齐人才短板就成为提高农村医疗服务水平的关键。补齐人才短板的一种思路是向基层输送人才，通过政府购买服务的方式引入专业的社会组织和社会工作机构，为农村居民提供基础的医疗服务。社会组织比政府在落实方面更为专业，在大城市医疗负担过重、大面积调取医疗人才下乡这种方式难以为继的情况下，可以借助专业医疗社会组织的力量，补齐村卫生室村医不足的短板。同时，专业社会工作者在基层参与农村贫困治理，可以从社会工作专业的助人角度激发贫困人口的内生动力。另外，地方政府应建立在地化的人才培养体系，一方面把本土的医护人员送到大型三甲医院学习培训，另一方面则对本村学医或外来医学生予以奖励和资助，并和高校签订联合培养计划，要求计划内学生毕业后回到基层服务 3～5 年，同时也要提高基层医生的基本待遇，以高薪留住人才，避免人口过度外流。

四、社会工作助力健康扶贫的方略与可行路径

社会工作介入健康扶贫需立足于“补短板、提质量、调结构”三个方面，以健康扶贫为核心，“输血”与“造血”相结合，促使扶贫资源供需对接，保障贫困地区人人享有基本医疗卫生服务，实现精准脱贫，推进健康中国计划的落实（见图 7－3）。

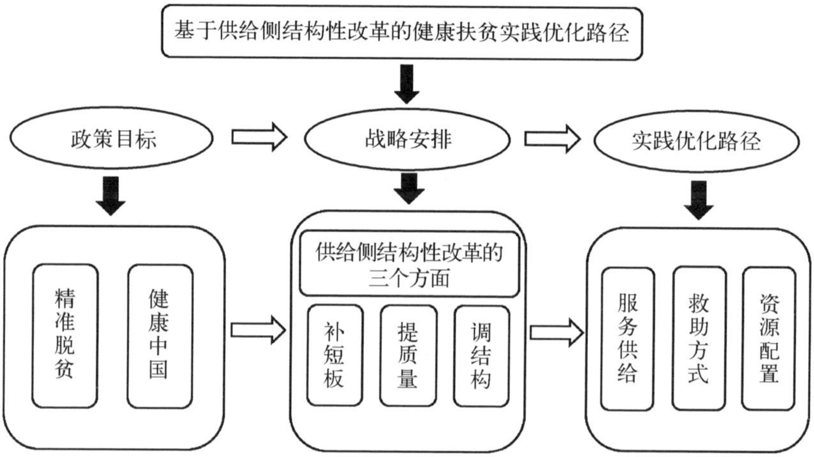

图 7－3　基于供给侧结构性改革的健康扶贫实践优化

在服务供给上“补短板”，从政府的单一扶贫变为以政府为主导、社会力量和市场为补充的多元扶贫模式，社会工作发挥专业优势弥补基层医疗人才不足的劣势，帮助组织精准识别，协助分类救治，加强对村民的心理干预，从而激发脱贫动力，满足贫困人口多元化的健康需求。

在救助方式上“提质量”，通过传导社会工作所奉行的助人自助理念，转变贫困人口在扶贫实践中的被动地位，帮助贫困人口提升主体行动能力，调

动村内原生资源实现村内互助脱贫，拓宽贫困人口的社会支持网络，以实现身心社灵的全人健康目标。

在资源配置上“调结构”，社会工作者利用社会工作管理模式中的专业优势，在对象识别、精准管理和政府资源的利用上形成有效链接，使得健康扶贫资源更有效地下沉，确保健康扶贫政策的实践取得更好的成效。

本章小结

从贵州T县的反贫困实践可知，贫病交加导致贫困地区的居民深陷“疾病—贫困”的循环机制之中。在因贫致病与因病致贫的相互作用下，原有的保障体制难以支撑贫病家庭的需求，精准扶贫工作面临着新的挑战。对贫病交加的村民来说，健康扶贫的实施势在必行。健康扶贫保障网的构建需要多维度、多层次地结合贫困人员的现实境况予以考察。从预防层到诊疗层，再到补偿层，最后到发展层，层层递进地对贫困人员及其家庭进行“全包裹式”的帮扶，构建以精准干预和因人施策为导向的政策体系。然而，在全人视角下农村健康扶贫存在结构性困境。基层医疗能力与政策补偿的不适配、健康扶贫医疗资源配置失衡导致非理性情绪产生，贫困人群身体、心理和社会三个方面均存在困境，亟待通过具有助人能力的社会工作专业运用全人视角下的健康管理理论，从理念、服务、政策等方面寻找健康扶贫的可能路径。

世界卫生组织于2016年提出的健康的最新定义是在生理上、心理上、生殖上、道德上和社会上的完好适应状态。没有病痛谓之身体健康，这已经是过去的概念了。在这种全人的新健康理念下，社会工作在参与反贫困实践时，一个重要的工作内容就是聚焦贫病交加群体的生理不适之外的方面，如因病自卑、因贫孤僻等贫困的次生效应。同时，社会工作机构也要致力于成为保障弱势群体和处于危机中群体的重要保护力量之一，与医疗团队、法律团队等其他专业力量共同守卫人民群众的健康状态。

第八章　生态系统视角下易地扶贫搬迁社区的社会工作介入

易地扶贫搬迁是中国精准扶贫、精准脱贫方略的重要组成部分，是解决“一方水土养不起一方人”区域性贫困难题的有效途径。中国的易地扶贫搬迁最早可以追溯到20世纪80年代开展的“三西”(甘肃河西地区、甘肃中部与定西地区、宁夏西海固地区)区域性扶贫开发行动①。经过多年的实践探索，易地扶贫搬迁的安置模式更加成熟，配套制度日趋完善，取得了显著的减贫成效。易地扶贫搬迁是针对生存条件恶劣、生态环境脆弱、自然灾害频发、发展资源不足等地区的贫困人口实施的一项专项扶贫工程，目的是通过对贫困人口进行居住空间的改换和发展资源的重新配置，实现他们的增收减贫，从根本上解决贫困人口的脱贫发展问题。因此，本章内容聚焦于生态系统视角下跨区域易地扶贫搬迁社区的社会工作的有效介入路径，进一步探讨社会工作服务搬迁群众的可能空间。

---

① 白南生、卢迈：《中国农村扶贫开发移民：方法和经验》，《管理世界》2000年第3期，部分内容有修改和延伸。

第一节　研究问题和个案概况

一、问题的提出

易地扶贫搬迁是精准扶贫中投入最大、政策性最强、任务最重的系统工程。2013 年，中共中央提出精准扶贫战略，易地扶贫搬迁成为脱贫攻坚“五个一批”战略的重要内容之一，主要是解决我国“三区三州”深度贫困地区和集中连片特困地区等①约 1 000 万贫困人口的脱贫问题。2016 年 9 月，国家发改委印发了《全国“十三五”易地扶贫搬迁规划》。有关统计显示，截至 2020 年，“十三五”期间全国累计投入各类资金约 6 000 亿元，建成集中安置区约 3.5 万个，其中城镇安置区 5 000 多个、农村安置点约 3 万个；建成安置住房 266 万余套，总建筑面积为 2.1 亿平方米，户均住房面积为 80.6 平方米；配套新建或改扩建中小学和幼儿园 6 100 多所、医院和社区卫生服务中心 1.2 万多所、养老服务设施 3 400 余个、文化活动场所 4 万余个，全国 960 多万建档立卡贫困人口实现易地扶贫搬迁，其中城镇安置 500 多万人、农村安置约 460 万人。② 我国易地扶贫搬迁工作取得了巨大成就。2020 年 3 月 6 日，习近平总书记在决战决胜脱贫攻坚座谈会上指出，“要加大易地扶贫搬

① 2011 年 12 月 6 日，国务院发布的《中国农村扶贫开发纲要(2011—2020 年)》指出：国家将六盘山区、秦巴山区、武陵山区、乌蒙山区、滇桂黔石漠化区、滇西边境山区、大兴安岭南麓山区、燕山—太行山区、吕梁山区、大别山区、罗霄山区等区域的连片特困地区和已明确实施特殊政策的西藏、四省藏区、新疆南疆四地州作为扶贫攻坚主战场。http://www.gov.cn/jrzg/2011-12/01/content-2008462.htm，访问日期：2022 年 6 月 1 日。

② 国家发改委：《“十三五”易地扶贫搬迁任务已全面完成》，《中国经贸导刊》2020 年第 23 期。

迁后续扶持力度”,“现在搬得出的问题基本解决了,下一步的重点是稳得住、有就业、逐步能致富”。①

在实践中,易地扶贫搬迁工作按照“中央统筹、省负总责、市县抓落实”工作机制推进,有关政策的着力点聚焦于城乡社区。因此,易地扶贫搬迁社区成为促进扶贫移民后续发展的重要承载空间。关于何谓易地扶贫搬迁社区,有学者对其作出了界定:“易地扶贫搬迁社区主要是指在集中安置形式下,以政府强制力量推进建设的、贫困户被动卷入并搬迁的社区。”②国家发改委在《全国“十三五”易地扶贫搬迁规划》中,将易地扶贫搬迁分为集中安置与分散安置两种安置方式。其中,集中安置主要采取县城安置、产业园区安置、小城镇安置、乡村旅游区安置、新型农村社区安置、中心村安置等六种形式;分散安置主要包括插花安置和其他安置,如自主选择进城务工、投靠亲友等。③ 易地扶贫搬迁社区按照安置区域又可以划分为乡村安置社区和城镇安置社区,其中城镇集中安置是当前易地扶贫搬迁的主要形式。④ 不同的地区在自然条件、资源禀赋、贫困程度等方面存在差异,一般会因地制宜选择安置模式,以减缓搬迁对不同贫困人口造成的冲击。⑤

在中国西南的一些贫困山区,由于县域工业化和城镇化水平有限,就地

① 习近平:《在决战决胜脱贫攻坚座谈会上的讲话》,人民日报,2020 年 3 月 7 日。
② 吴新叶:《易地扶贫搬迁安置社区的紧张与化解》,《华南农业大学学报(社会科学版)》2018 年第 2 期。
③ 国家发改委:《全国“十三五”易地扶贫搬迁规划》,2016 年 9 月,https://www.ndrc.gov.cn/xxgk/zcfb/tz/201610/t20161031_963261.html,访问日期:2022 年 6 月 1 日。
④ 刘升:《城镇集中安置型易地扶贫搬迁社区的社会稳定风险分析》,《华中农业大学学报(社会科学版)》2020 年第 6 期。
⑤ 马流辉、曹锦清:《易地扶贫搬迁的城镇集中模式:政策逻辑与实践限度——基于黔中 G 县的调查》,《毛泽东邓小平理论研究》2017 年第 10 期。

扶贫开发的难度大、成本高，为解决“一方水土养不起一方人”区域的脱贫发展问题，地方政府创造性地实施了跨区域易地扶贫搬迁，形成较大规模的跨区域易地扶贫搬迁社区。[1] 这一类型的社区相较于县域范围内的就近搬迁安置社区，因其跨区县、搬迁距离远、人口构成多元等而呈现出高度复杂性的特征，使搬迁居民的生计发展、社区融入和公共服务等方面面临多重困境，对后续的社区治理构成了严峻挑战。跨区域安置社区作为我国新时期易地扶贫搬迁政策背景下形成的新型社区，是由政府主导的自上而下的扶贫移民项目。其中，政府全权负责安置社区的规划、建设以及后续的治理。在一定程度上，由于此类社区本身的特殊性和治理的复杂性，单凭政府的力量显然无法应对后续发展面临的诸多问题。因此，就跨区域搬迁安置社区后续发展来看，逐渐实现社区的去行政化、培养社区自治性、激发社区内生动力、增强社区居民之间的认同和融入，这些环节是达到易地扶贫搬迁后半程“稳得住”目标的关键。在此背景下，社会工作作为创新社区治理的重要力量被引入跨区域搬迁安置社区之中，显然尤为紧迫和重要。当前，社会工作参与社区治理已成为一种普遍趋势，“三社联动”模式在城乡社区治理过程中得到充分肯定，社会工作所具有的专业优势能够很好地回应本章所研究的跨区域搬迁安置社区的各种需求，从而实现此类社区的秩序重建。

为了更好地对跨区域易地扶贫搬迁社区的社会工作介入进行研究，笔者援引生态系统理论（ecological systems theory），对社会工作参与此类社区的过程、机制和成效进行分析，以促进其后续发展。生态系统理论是社会工

① 云南日报网：《怒江州：5 000 干部驻村入户动员群众挪“穷窝”》，http：//www.yndailay.com/html/2017/yaowenyunnan_1224/109424.html，访问日期：2018 年 12 月 30 日。

作领域中一个重要的实务理论，整合了一般系统理论（general system theory）和生态理论（ecological theory），更加关注个人与环境的关系，可以避免以往社会工作理论中“社会”缺失的问题。① 该理论把人们生活于其中的社会环境（如家庭、机构、社区）看作一个社会性的生态系统，强调生态环境对于分析和理解人类行为的重要性，聚焦于情境、个体以及两者间的复杂互动关系，注重人与环境间各系统的相互作用及其对人类行为的重大影响。② 尤里·布朗芬布伦纳（Urie Bronfenbrenner）的生态模型认为，社会生态系统是一种嵌入式的结构安排，它的每一部分都与相邻的部分相互包容，具体的结构性系统包括四个层次：微观系统、中层系统、外部系统、宏观系统。③ 个体在与不同层次系统互动的过程中都会存在这样或那样的问题。对于社会工作者来说，面对案主不同层次系统的困境应该采用不同的介入策略，最终实现个体的全面发展。对于刚入住易地扶贫搬迁社区的群众来说，他们需要以社区为载体与不同层次系统建立新的联结，从而真正实现在安置地的“落地生根”。④ 因此，生态系统理论是社会工作介入易地扶贫搬迁社区的重要行动指南，它能够为社会工作者具体干预方案的形成提供有益帮助。

从学术界既有研究来看，我国现阶段易地扶贫搬迁已经完成“搬得出”的任务，有关研究大多是对易地扶贫的经验总结、政策实施效果的评估以及

① 卓彩琴：《生态系统理论在社会工作领域中的发展脉络及展望》，《江海学刊》2013 年第 3 期。

② 师海玲、范燕宁：《社会生态系统理论阐释下的人类行为与社会环境》，《首都师范大学学报（社会科学版）》2005 年第 4 期。

③ Urie Bronfenbrenner, *The Ecology of Human Development* (Cambridge, MA: Harvard University Press, 1979), pp. 56 - 68.

④ 风笑天：《落地生根？——三峡农村移民的社会适应》，《社会学研究》2004 年第 5 期。

对搬迁居民的生计、可持续发展等方面问题的关注，专门聚焦于易地扶贫搬迁社区本身的研究较为缺乏，而关于社会工作介入易地扶贫搬迁社区的研究相对更少，但与易地扶贫搬迁相关的实践活动已经如火如荼地开展起来，这需要我们在学理上作出回应。鉴于此种情况，本章以贵州省铜仁市D街道L跨区域安置社区社会工作服务站的实践经验为典型案例，从生态系统理论视角出发，对跨区域安置社区特点和现阶段的治理困境进行系统分析，在此基础上探索社会工作介入跨区域安置社区的有效路径。

二、个案概况

D街道位于贵州省铜仁市万山区，是一个为易地扶贫搬迁而新设的街道，管辖6个搬迁安置小区，入住来自周边区县的搬迁安置人口共计6.1万人，这些居民无一例外都是从周边的区县搬迁而来的。在这6个搬迁安置小区中，迁入人口1万人以上的小区有2个，分别是W社区和L社区。本章将结合在W社区和L社区的调研，重点关注社会工作如何介入跨区域易地扶贫搬迁社区的治理与发展。

“十三五”期间，铜仁市共搬迁贫困人口64 759万户293 579万人，其中建档立卡贫困人口有23.4万人，搬迁规模占全省搬迁总规模188万人的15.6%，位列全省第三。铜仁市将本市西部五县和东部松桃苗族自治县（以下简称“松桃县”）深山区、石山区的贫困群众跨区县搬迁到碧江区、万山区、大龙开发区和铜仁高新区的中心城区、产业园集中安置。① L社区占地0.37

① 王友云：《跨区域易地扶贫搬迁移民社区治理路径探讨——以贵州铜仁移民社区为例》，《贵州省党校学报》2020年第6期。

平方千米，毗邻木杉河畔，于2018年开始建设，2019年7月完成全面搬迁入住，共有住房楼54栋136个单元，每栋六层，共安置思南县、松桃县、万山区内搬迁群众2 588户11 963人(来自思南县的有2 328户11 064人、松桃县的有92户563人、万山区的有168户336人)。社区现已建成的基础设施有1所幼儿园、1所小学、1个社区卫生服务站、1个扶贫微工厂、1个警务室，设立了居委会、便民服务中心——便民服务中心已进驻社保、就业、教育、供电、民政等服务窗口，以及思南、松桃迁出地工作组。W社区占地0.442平方千米，总建筑面积为1.097平方千米，地处万山区的黄金地段(丹都街道)，毗邻木杉河湿地公园，位居万山行政中心、创业园、商贸城、彩虹海游乐园中间，社区交通便利，距铜仁客运南站1.5千米、万山区人民医院1千米。

社区于2017年启动建设(分为2017年安置点和2018年安置点)，2019年4月完成全面搬迁入住，建成安置房62栋，共有107个单元(中高层电梯房16栋，每栋18层，31个单元；多层步梯房46栋，每栋6层，76个单元)。

贵州省高度重视做好易地扶贫搬迁后续发展工作。2019年2月，《中共贵州省委贵州省人民政府关于加强和完善易地扶贫搬迁后续工作的意见》出台，将建立社会工作服务站作为基本公共服务体系建设的内容之一。2020年3月，贵州省民政厅下发《贵州省易地扶贫搬迁安置点新设街道社会工作和志愿服务站项目实施方案》，又联合团省委印发《关于组织动员基层志愿者参与社会工作和志愿服务站工作的通知》，以政府购买服务的方式，在全省64个易地扶贫搬迁安置点新设街道全部建立了社会工作和志愿服务站，由社会工作机构组织运营，引入专业社会工作者＋志愿者，以优化民政服务为切入点，为群众提供社会融入、社会救助、养老服务、儿童关爱、社区治理、社会事务等方面的服务。[①] 在此政策背景下，铜仁市万山区 D 街道通过购买服务的方式，引入深圳市龙岗区 LX 社会工作服务中心专业团队入驻 L 社区和 W 社区，为群众提供专业社会工作服务和组织开展志愿服务，服务周期为一年。本章所涉及的经验材料均来自对 L 社区和 W 社区的调研。

第二节　跨区域易地扶贫搬迁社区的基本特征

跨区域易地扶贫搬迁以城镇化集中安置为主，是当地政府综合考虑财政资金、区域经济发展、水土资源禀赋、社会承载能力以及城镇化进程等各项因素后，在其所能够掌控的政策执行空间内作出的能够实现各方利益最大化的安置模式选择。由此形成的跨区域安置社区，作为一种由政府强制力量推进建设的社区，具有独特的社区形态。这一类型的社区不是滕尼斯笔下“拥有一种亲密无间、守望相助，服从权威并具有共同信仰和共同风俗习惯的人际关系，由传统的血缘、地域和文化等自然因素产生的社区”[②]，因政府的外力推动而缺乏“自然的基础”，其共同体意识并不强。同时，这类社区也有别于基于市民同等市场购买力而形成的城市商品房社区，居住在易地扶贫搬迁社区的居民大多数是曾经的建档立卡人口。在一定程度上，跨区域易地扶贫搬迁社区处于农村社区与城市商品房社区的“中间状态”，本

① 闫薇、张燕：《易地扶贫搬迁后续帮扶的民政作为——贵州乡镇社会工作和志愿服务站建设观察》，《中国社会报》2020 年 10 月 21 日。

② 滕尼斯：《共同体与社会》，商务印书馆，1999，第 52—58 页。

质上是一个过渡型社区[①]或转型社区[②]。跨区域、远距离的搬迁破坏了原来农村社区依托地缘、血缘的熟人关系网络，而在搬迁安置地，这些来自不同区县的搬迁人口尚未建立新的社区联结。因此，这种过渡型社区在社区形态、组织体系、治理模式等方面与一般的社区都存在着较大的差异。

根据对 W 社区和 L 社区两个跨区域安置社区的深入调研，并结合既有的文献资料，我们概括出跨区域安置社区具有搬迁距离远、社区规模大、人口构成多元化、贫困程度深和治理难度高等基本特征。

一、搬迁距离远

在中国的国家治理体系中，县域是最为稳定的治理单元，历次的行政区划调整鲜有涉及县这一层级的。有学者指出，这种治理结构是郡县制传统的一种延续。[③] 正因如此，以往的易地扶贫搬迁一般都是在县域范围内进行的，很少突破县这个行政边界，也就是说，中国的易地扶贫搬迁往往遵循就近安置的原则。但随着城镇化进程的加快和脱贫任务的加重，易地扶贫搬迁开始打破原有的就近搬迁安置模式，把贫困人口安置到县域之外的地方。寻求更优质的生存空间和发展资源，成为一些地方政府优先考虑的问题。在此背景下，跨区域搬迁安置便发生了。一般来说，跨区域搬迁安置其实就

① 周晨虹：《城乡一体化进程中的“过渡型社区”研究》，《济南大学学报(社会科学版)》2011 年第 1 期。

② 李志刚、于涛方、魏立华、张敏：《快速城市化下“转型社区”的社区转型研究》，《城市发展研究》2007 年第 5 期。

③ 曹锦清：《郡县制传统与中国当代中国治理》，《华东理工大学学报(社会科学版)》2017 年第 5 期。

是突破了县域，在地级市或州（自治州）范围内对贫困人口进行重新安置。这种情况在我国西南山区比较普遍，受地理条件的限制，这些地区并不具备就近安置的条件，搬迁人口只能向地势相对平坦的市区集中。

L社区安置的扶贫移民主要来自思南县和松桃县，除此之外，还有万山区的部分搬迁人口。思南县和松桃县这两个贫困县虽然都属于铜仁市，但距离铜仁市还是比较远的。思南县位于贵州省东北部、乌江中下游，东邻印江土家族苗族自治县（以下简称“印江县”），南接石阡县，西连凤冈县，北靠德江县。思南县是贵州省65个连片特困地区之一，距离万山市区超过100千米，车程超3小时。松桃县是贵州省铜仁市辖县，位于贵州省东北边缘，处在黔、湘、渝两省一市接合部。东北与湖南省的凤凰、花垣两县相连，西与重庆市的酉阳县、秀山土家族苗族自治县交界，南面是贵州省的铜仁市。松桃县也是贵州省65个连片特困地区之一，距离万山市区超过70千米，车程超2小时。

搬迁移民原居住地生产效率低下、自然资源匮乏，考虑到就近县城安置后经济承载能力和后续发展空间存在的不足，贵州省铜仁市万山区创新易地搬迁集中安置形式，探索跨区县的远距离集中搬迁安置，将“一方水土养不起一方人”的贫困地区群众搬迁到地理条件好、经济生产空间大、交通便利的城市中心集中安置，更好地实现脱贫。调研发现，移民搬迁户由原居住的自然村落直接跨越区县搬迁到所属市区，打破了以往就近搬迁就近安置的原则，改变了过去那种“农村挪农村”“这山挪那山”的安置方式。[①] 由此形

① 马流辉、曹锦清：《易地扶贫搬迁的城镇集中模式：政策逻辑与实践限度——基于黔中G县的调查》，《毛泽东邓小平理论研究》2017年第10期。

成的跨区域安置社区，首要特征是在物理空间上离迁出地较远，这种远距离的搬迁安置会对移民的生产生活产生一定的冲击。

二、社区规模大

易地扶贫搬迁需要政府投入巨大的资金，为控制建设成本，在规划允许的情况下，政府都会想方设法地提高安置小区的集约程度，在城镇化集中安置模式中，我们看到的搬迁安置小区的住房一般都是安装电梯的高层结构。但对于一些贫困地区来说，安置小区建设的集约化除了资金方面的考虑外，更重要的原因在于受特殊的地理条件限制，辖区内适合安置的地块极其有限，一旦找到了合适的安置空间就会尽量安置更多的搬迁人口，于是跨区域搬迁安置社区的规模一般都比较大。

无论是L社区，还是W社区，所安置的人口都超过了1万人，而且根据我们的了解，跨区域搬迁安置社区的人口超过1万的现象是非常普遍的。W社区是万山区最大规模的跨区域易地搬迁安置点，共安置思南县、印江县、石阡县三个跨区县的易地搬迁群众4 232户18 379人。对于一个新生的社区来说，人口超过1万的规模，显然让居委会的治理能力超载，进而对地方的基层治理构成了严峻挑战。实践中，如何破解这种超大规模安置社区的后续治理和发展困境，依然是一个悬而未决的问题。

三、人口构成多元化

一般来说，根据人口的不同特征，我们可以从人口的自然构成、地域构成和社会构成三个维度来理解人口的构成。自然构成是依照人口的生理属性来划分的，主要有性别构成与年龄构成；地域构成是指人口的地理分布状况，包括人口的行政分布、自然与经济区域分布、城乡分布等；社会构成是根据人口的社会经济属性来划分的，包括人口的婚姻状况构成、家庭类型构成、阶级或阶层构成、民族构成、职业构成、文化程度构成等。在本章中，我们着重从地域构成和社会构成的维度来考察跨区域移民搬迁社区的人口结构。①

首先，跨区域易地扶贫搬迁社区打破了地域的限制，人口结构呈现出多地域的混居。L社区集中安置的搬迁群众来自思南县、松桃县、万山区，W社区的安置人口主要来自思南县、印江县、石阡县。其次，由于搬迁的群众主要是建档立卡的贫困人口，因此各类弱势人口在社区中占较大比重。比如：L社区就有建档立卡贫困户1 909户8 796人，享受低保政策11户34人；W社区有建档立卡贫困人口3 388户15 223人，有57户171人享受低保。同时，在易地扶贫搬迁安置社区，残疾人、精神障碍患者的占比相对也较高。W社区的残疾人有200多人，不同程度的精神障碍患者有100多人。最后，在西南山区，不少区县都是少数民族的聚居地，搬迁后所形成的安置社区就成为一个多民族的聚居区。我们调研的W社区就是一个多民族混居的安置社区。该社区一共居住着18个少数民族，少数民族人口占比高达75.8%，其中苗族、土家族人口最多。

由此可见，跨区域易地扶贫搬迁社区不仅人口规模庞大，地域构成和社会构成也比较多元，尤其是贫困人口和少数民族人口占比较高，这对社区的后续发展和治理都提出了更高的要求，需要政府和社会提供更多的帮扶政

① 苗丰麟：《关于志书设置基础部类的探讨》，《中国地方志》2006年第3期。

策和治理资源助力其进一步发展。

四、贫困程度深

如前文所述，跨区域搬迁安置的对象主要是建档立卡贫困人口，所以贫困人口在此类社区中的占比很高。W 社区安置易地搬迁群众 4 232 户 18 379 人，其中建档立卡贫困户 3 388 户 15 223 人，贫困户在社区总户数中的占比高达 80%，贫困人口在社区总人口中的占比也高达 80%。L 社区安置易地搬迁群众 2 588 户 11 963 人，其中建档立卡贫困户 1 909 户 8 796 人，贫困户在社区总户数中的占比高达 73%，贫困人口在社区总人口中的占比也高达 73%。我们在调研中发现，跨区域安置社区居民的致贫原因复杂多样，因病、因残致贫情况尤其突出，安置社区内精神障碍患者、残疾人较多，更有搬迁户家庭成员均无劳动能力，只能依赖低保维持日常生计，安置社区整体贫困程度深。

在易地扶贫搬迁中，搬迁是手段，脱贫是目标，增收是途径。[①] 贫困人口从原本生产生态条件恶劣的传统村落中搬迁出来，实现“上楼”安置，其居住环境、生活条件等均得到有效改善。但这一过程，也伴随着生产方式的转型，搬迁居民安置后面临着原有农耕生产全面停滞、日常开支显著增加等情况。在此背景下，增收问题直接关系到贫困人口生存与社区稳定。此外，安置社区致贫原因的多样化、人口构成的复杂化等典型特征，使得有针对性地拓宽各类贫困人口的增收渠道成为易地扶贫搬迁后一阶段工作的关键环

① 郑娜娜、许佳君：《易地搬迁移民社区的空间再造与社会融入——基于陕西省西乡县的田野考察》，《南京农业大学学报(社会科学版)》2019 年第 1 期。

节，当然这也是易地扶贫搬迁社区脱贫发展的治理难点。

五、治理难度高

跨区域易地扶贫搬迁使贫困人口的居住空间从村庄共同体向新兴社区转变，原有的乡村区域单元被打破，形成既不同于城市又有别于村级组织的新型居住社区。[①] 同时跨区域安置社区面临搬迁距离远、社区规模大、人口结构复杂多样和贫困程度深等多重问题，进一步加大了社区治理的难度。

跨区域扶贫搬迁安置社区属于多村融合型社区，社区居民来自不同县区、乡镇的多个建制村或者村民小组，在社区治理方面面临着社区自组织重构与磨合问题，也涉及基层行政组织框架的重构、迁出地与迁入地政府间的协作等问题。在具体治理实践中，跨区域安置社区通过加强基层党组织的核心引领、强化基层政府的主导作用、迁出地和迁入地工作组的“陪伴式”服务以及居委会的不断行政化等手段来维护安置社区的秩序。如 W 社区，至今没有成立业委会，虽然设立了居委会，但居委会功能逐渐行政化，基层政府将很多行政性事务下放给居委会。因此，在一些社区，居委会不仅承担了社区自治的功能，还要承接大量行政事务。在易地扶贫搬迁社区建立初期，采用这种政府全权主导的管理方式能够达到维护搬迁居民稳定的目的。但就社区后续发展来看，这种自上而下的“父爱主义”式治理机制，会不断强化居民对政府的依赖，加上行政管理成本较高，使得社区治理的可持续性不足，也使跨区域安置社区的治理面临更大的不确定性。

① 江治强、安超：《做好易地扶贫搬迁后半篇文章》，《中国民政》2021 年第 1 期。

第三节　跨区域易地扶贫搬迁社区的治理困境

易地扶贫搬迁完成了从偏远乡村到繁华城市的空间转换，搬迁的群众面临的不仅是简单的物理空间变化，而且是生活方式、思想观念和社会心态的变化，由此必然会产生诸多问题。短时间内由农村搬到城市，跨区县集中安置构成的新型社区较传统的农村社区在经济结构和社会组织结构等方面都有了新的变化，在打破原有村落地域界限的同时，也在人员结构、社会资源、信息传递等方面呈现出异质性、流动性和开放性等特征，这些无疑给社区治理带来诸多挑战。具体来说，跨区域易地扶贫搬迁社区面临的治理困境有以下三个方面。

一、生计发展困境：生活成本增加与收支结构失衡

城市生活相较于之前的农村生活来说是高成本的，衣食住行处处都是消费，甚至“连上厕所都要花钱”（指使用抽水马桶会产生自来水费），在家庭收入锐减的同时，支出却迅速增加，两者呈现出“倒挂”态势。[①] 在家庭生计方面，搬迁后部分居民最大的感受就是日常生活成本的上升。由于采取跨区县搬迁安置，在迁出并入住新的社区之后，居民的交通和时间成本大大增加，无法再兼顾家乡的农业生产，而安置区位于市区，实行无土安置，不可能再将大规模新垦土地分配给搬迁户，因而再依靠传统农业来增收的可能性

① 马流辉：《易地扶贫搬迁的“城市迷思”及其理论检视》，《学习与实践》2018 年第 8 期。

微乎其微。加之安置地就业机会有限和工资水平较低，使搬迁家庭收入锐减，而居民的生活成本支出却呈现刚性增长的态势。除了购买大米、蔬菜、肉类等日常食品支出迅速增加，社区居民另外的支出主要在于人情往来、医疗健康和水电费等方面。尤其是搬迁安置社区是按照标准化的商品房小区建造的，里面配置了水、电、气、网等基础设施。由于日常取暖、做饭洗浴等家用电器设备增加，因而居民普遍反映电费支出成为一笔不小的开销，冬季时每户一个月甚至需要支付几百元的电费。在调研中发现，面对这种情况，冬季部分老年人甚至不得不通过晚起早睡来减少取暖用电的支出。而物业管理费和水费虽然在5年过渡期内暂时不用居民承担，但等到过渡期结束后居民自行承担必然会进一步加重其支出负担。收入来源有限，但搬迁后的生活支出却呈现迅猛增长的态势，这成了部分贫困家庭的一大难题。

案例一：

Y家共有6口人，2019年搬入L安置社区。Y今年62岁，为四级肢体残疾；老伴69岁，患有高血压；儿子在广东务工，患有结石病，每年给家中寄1 000元左右；儿媳是精神障碍患者，在老家休养；两个孙女都是学龄儿童，一个患有智力障碍，另一个有四级视力问题，受家中经济条件限制，一直没有进行手术治疗，并且因为在学校里受到排挤，一直待在家中，由老师送教上门。除了低保补助，家庭收入来源有限。两个老人为了照料好两个孙女，一是开源，年龄大了无法在工厂找到工作，便在社区捡垃圾以补贴家用；二是节流，为了减少生活开支选择不去购买4元一桶的桶装水，而是去安置点附近人工背水，并且每天只吃午餐和晚餐，很少吃肉。老一辈通过节衣缩食、放弃“体面”来维持生活，子辈、孙辈却不见得能够忍受。两个孙女想吃零食、吃肉不能得到满足，必然会影响其健康成长。

在这种跨区域易地扶贫搬迁社区中，贫困人口占比较高。那些因病致贫的家庭虽然有国家的社保兜底，但诸如此类的政策性保障也只能让他们获得基本的生活保障，离美好生活的标准还存在较大的差距。所以说，如何回应搬迁居民生计发展方面的诉求，应成为易地扶贫搬迁社区工作的重点。

二、社会融入困境：社会关系断裂与社区团结张力

易地搬迁工程不仅是自然居住空间的改善，而且是经济空间、政治空间、文化心理空间和社会空间的消解与再造过程。从散居到聚居的居住方式带来了家庭结构、代际关系、社会网络和社区治理等社会结构和制度的变迁，使移民在搬迁初期生计空间断裂，难以实现社区融合。[①] 首先，在社会交往方面，搬迁社区居民的分散安置方式使原有村落地缘关系被打破，造成由地缘结成的共同体意识衰微，加上“农民上楼”的空间转型导致的居民之间的生活相对私密化，熟人社会特质进一步受到削弱，因而居民社会交往范围变小，反而转向更加关注自家的私人生活[②]。搬迁居民的交往对象主要是原家乡搬迁过来的亲戚朋友、楼栋邻居这些与其日常生活密切相关或自身原本较为熟悉的人员，而同其他搬迁居民的交往较少。社区居民平时主动与

---

① 郑娜娜、许佳君：《易地搬迁移民社区的空间再造与社会融入——基于陕西省西乡县的田野考察》，《南京农业大学学报(社会科学版)》2019 年第 1 期。

② 陈靖、刘明：《上楼之后：“涉农社区”的生活秩序及其治理探索》，《中国行政管理》2020 年第 11 期。

搬迁社区工作人员的交往也很少，只是在遇到困难、办理事务时才会与之联系。其次，在生活习惯融入方面，在搬迁之后，老年人因生活方式改变而出现的不适应，小孩因生活、学习环境改变而带来的冲击，成年人因工种变化而带来的就业改变等，都在一定程度上给他们带来心理上的压力①。特别是对老年群体而言，他们难以在短期内适应安置社区陌生的面貌和新的生活环境，而是更加怀念以往的生活。有的老年人对现代化产品接触较少，甚至不会使用电饭煲、热水器，更多的老年人对于如何乘公交、坐电梯、过马路等不了解。老年群体原有的乡村生活知识体系难以发挥作用，无助于解决在新环境中所碰到的诸多问题，因而出现了一些老年人返迁的现象，而被迫继续留在社区里的部分老年人生活的幸福感也不高。最后，在身份转换方面，农村村民搬迁后变成了城镇居民。这一转变意味着要扮演新的角色，不仅需要社区居民自身的改变，还需要制度保障的完善与管理体制的改革。例如，社区居民如何树立主人翁精神，积极参与社区的治理和建设，转为城镇居民之后的社会保障体系是否完善，子女在求学过程中教育资源的分配是否合理等，只有这些问题得到解决了，才能从真正意义上实现由乡村农民到城市居民身份的转变，从而促进社区团结。

三、公共服务困境：群体需求多元与公共产品供给不足

基础设施建设和公共服务供给直接影响易地扶贫搬迁人口搬迁后的生产条件、生活质量和未来的发展前景，也是影响易地扶贫搬迁人口提升幸福

① 邓华丽：《基于社会工作视角的易地扶贫搬迁对象社会融入问题探讨》，《山西青年职业学院学报》2017 年第 3 期。

感和获得感的影响因素。如果基础设施和公共服务供给滞后于区域经济社会发展的需要，就会限制易地扶贫搬迁人口的可持续发展。① 搬迁安置的社区居民需要在极短的时间内适应城市生活，但是前期的基础设施建设和公共服务供给还不够完善。跨区域易地扶贫搬迁是由政府主导的社会工程，从安置社区一开始的选址、规划、建设，到住房的分配以及后续的社区治理都是由行政性力量发挥主要作用的，加之社区“共同体”尚未形成，居民相互之间缺乏集体意识和社会团结，社区社会资本调动有限。在此情境中，社区治理的权威角色一般只能由政府来承担，导致居民对政府产生一种高度依赖心理，出现任何问题都希望政府能帮助他们解决。但基层政府和社区居委会提供的行政性福利服务具有单一性，日常大部分工作围绕就业、医疗、教育、保障等一般性行政事务，难以针对社区不同群体和具体居民的特殊需求提供相应服务。此外，社区工作人员数量有限、资金主要依靠行政拨款，所以所提供的公共服务实际成效低下，仅依靠社区“两委”人员难以提供有效的治理与公共服务。

搬迁安置社区内的大量青壮年劳动力选择外出务工，社区内以留守儿童、留守妇女、留守老人构成的“三留守”群体为主，他们对公共服务有着不同的需求。例如，在就业支持方面，所在社区的主要措施是为居民提供就业培训和提供就业机会，但是对于照料孩子的妇女、退休后有劳动能力的群体来说，目前所提供的合适就业机会十分有限。此外，如何引入资源解决社区学龄儿童的托管问题，为儿童提供更好的教育指导，如何提供场地、组织活

① 武汉大学易地扶贫搬迁后续扶持研究课题组：《易地扶贫搬迁的基本特征与后续扶持的路径选择》，《中国农村经济》2020 年第 12 期。

动使老年群体的日常生活更加丰富，满足其情感需求，如何为残障居民、大病患者等特殊群体有针对性地提供服务等问题，都凸显出社区在公共服务上的不足。虽然社区“两委”相应组织开展了一些活动，但活动开展的节点都是以重大节日、纪念日为主，日常性的社区活动并不多，并且活动形式大多比较简单，缺乏满足不同群体需求的服务和创新形式，居民的参与度也不高。由此可以看到，搬迁居民当前所获得的公共服务有限，社区现有的条件只能满足他们所面临的部分需求。

案例二：

Z家共有12口人，2019年搬入安置社区。Z今年73岁，有2个儿子、2个孙子、4个孙女，儿媳都已离家出走。家庭生活来源主要是依靠低保金、老伴的退伍补助以及养老金。为了减少回老家往返支出，所有人情往来都通过微信来联系。Z尤其是将希望寄托在后一代身上，认为只要将孙子、孙女教育出来，以后的家庭生活就会慢慢变好。这体现了其教育观念发生转变，重视对孙子、孙女的教育，但在实际能力上却存在巨大差距。Z的受教育程度有限，加之管理方式上的问题，Z无法辅导孩子们完成作业、解答困惑和纠正孩子们不当的学习方式，只能依赖于学校单方面的教育。对此，Z只能通过提供更为细心的照料的方式，或采取劝说乃至打骂的方式来教育孩子。Z经常监督孙子、孙女写作业到半夜，但孩子们的学习效果却不见得有保证。老人家心有余而力不足，家庭教育的效果十分有限。

由上述分析可见，这样的跨区县安置社区通过政府主导力量短期内实现了“农民上楼”，但上楼过程中以及上楼之后的空间转型、生计变动、生活习惯调整、角色认知变动、社会关系变迁等问题将直接影响居民的日常生活，给可持续发展带来系列难题与挑战，甚至有可能载不动贫困人口的脱贫梦①。这就需要更多社会力量为社区治理注入新鲜血液，打通为社区、社区居民提供多样化与专业服务的道路，从而达到社区治理有效、居民完全融入的目标。

第四节　社会工作介入跨区域易地扶贫搬迁社区的有效路径

跨区域易地扶贫搬迁带来了搬迁距离远、社区规模大、构成多元化和贫困程度深等问题，使居民陷入生计发展、社区融入和公共服务等困境，给社区的有效治理和居民的持续发展造成了巨大困难。相对于以往的农村社区治理与社区服务而言，易地扶贫搬迁社区因兼具农村与城市双重性质而对社区治理与服务有着特殊要求。面对上述困境，社会工作作为第三方专业性力量在社区治理与社区服务整合方面应该发挥积极作用，针对社区服务主体缺失，以资产建设、需求评估为导向，在社区治理与服务方面发挥专业优势。② 我们从入驻在铜仁市D街道L社区的社会工作服务站的实践经验和现实难题出发，努力探索社会工作介入搬迁社区治理的有效路径。

① 陈靖、刘明：《上楼之后："涉农社区"的生活秩序及其治理探索》，《中国行政管理》2020年第11期。

② 孙守恩、何亚东：《发展性视角下易地扶贫搬迁社区治理与服务实践研究》，《社会与公益》2021第1期。

一、交流平台搭建与内生组织培育

社区要达到真正自治，就要发挥社区居民的主体作用，但居民因环境、能力等因素对公共事务的参与度不高，限制了社区的发展活力。在生态系统理论视角下，个人生活在具体的情境中，而这些情境分为不同的层次。对于易地扶贫搬迁社区来说，在前期建设的过程中，搬迁居民与邻里以及其他同一迁入地人口之间存在着基本的信任和联系，所以社会工作者可以以此为基础，通过搭建交流平台、培育内生性组织，引导居民主动参与社区治理、社区公共事务和社区服务，并在实践中培育居民的主人翁意识和参与能力。通过从社区内部汲取力量，积极组建社区兴趣小组、老年协会和志愿服务队等，社会工作者积极提供专业的志愿服务培训，引导社区居民积极参与社区服务与发展，有助于提升社区群体活跃度。

D街道L社区的社会工作服务站从老、少两头着手，一方面培育儿童志愿队伍，另一方面则充分利用老年协会的优势来助力社区治理。在儿童志愿队伍培育方面，社会工作服务站以儿童教育为出发点，以此作为联系社区和家庭的纽带，积极开展“红领巾”广播员活动，成效显著。2020年7月，社会工作服务站入驻L社区；9月，立马组织成立“新市民·追梦桥”红领巾广播站，培育和孵化了一支由20多名小学生组成的社区小广播员志愿者队伍。这些小广播员被分为多个小组，每天下午放学后由2名学生进行不少于半小时的播音，播音内容围绕政策宣传、焦点新闻、惠民信息、历史故事、传统文化传承和文明宣传等方面展开。社区孩子们通过广播对社区搬迁群众宣传政策，一方面提高了孩子们的学习兴趣，锻炼了他们的实践能力，另一方面有助于带动家长观念的转变。而在老年组织队伍建设方面，社会工作服务站则充分利用和发挥好老年协会的作用。L社区的老年协会成立于2019年12月，目前有45名成员，分为舞蹈队和龙灯队，成员年龄为40岁至70岁。老年协会是自发成立的，一是为了锻炼身体，提高身体素质，二是在搬迁前，老家本来就有舞龙灯、吹唢呐的习俗，所以延续了下来。除了日常排练和节日演出外，社区居民迎亲和商场开业都会邀请老年协会进行表演，舞蹈队会根据具体情况安排表演节目内容和数量。

由此可见，老年协会不仅丰富了老年群体的晚年生活，促进了社区内不同群体间的沟通交流，而且在调节内部矛盾纠纷、宣传国家政策和协助社区"两委"开展工作方面也发挥了很大作用。社会工作者如果能够同老年协会开展有效合作，汲取其力量，运用专业知识有意引导老年群体的社区参与，就能更好地在安置社区内开展活动。内生性社会组织可以调动社区居民力量参与社区管理，提升社区居民的自治能力，从而激发社区活力。而社会工作与社会组织结合，通过提供专业化、个性化服务，不仅可以快速融入社区、取得居民的信任，而且能够增强社会工作者的活动组织能力。此外，社会工作者用专业化、社会化的方式提供公共服务，有效弥补了政府社会管理和公共服务的不足，可以畅通社会组织参与社区建设、社区服务的渠道。

二、群体特征聚焦与多类活动开展

在跨区域易地扶贫搬迁社区中，居民的异质性很强，不同的群体面临着不同的问题，有着不一样的需求。在居委会解决一般性问题的基础上，社会工作者需要根据不同群体的特征，有针对性地开展活动。社会工作者可以充分发挥个案、小组、社区工作三大方法的优势，从生态系统理论视角开展工作。针对具有个性化、个别性的问题，社会工作者可采用个案的工作方法，个性化地予以解决。针对具有共性的问题，社会工作者可采用小组的工作方法，让居民在小组互动中释放内心压力。同时，社会工作者还可以从社区层面，以整个社区为服务对象，开展社区活动，消除居民的心理困惑。① 例如，作为搬迁群体，社区居民整体上都得面对由身份转变带来的角色变化所产生的一系列适应性问题。针对这样的一般性问题，社会工作者可以多开展心理咨询，利用各种特殊节日，在社区内开展多样化的文化活动、体育活动、亲子活动等，促进居民之间的交流与互动，消除居民之间和居民对新环境的陌生感。

社区内部不同群体需要在把握对方特殊需求的基础上开展活动。例如，对于老年群体而言，他们在社区融入上主要存在娱乐方式较为单一、情感支持体系弱、社区归属感较低等困难②，主要需求在于空闲时间的利用和精神上的慰藉。对此，社会工作者可以将老年群体组织起来，举行广场舞、棋牌等休闲活动，通过链接有关资源，满足社区老年人基本的物质和心理需求，进而促进老年群体融入社区。对于儿童群体来说，他们搬迁后面临着学习、生活、人际、环境、心理等一系列适应性问题③，主要需求在于交往玩乐和

---

① 邓华丽：《基于社会工作视角的易地扶贫搬迁对象社会融入问题探讨》，《山西青年职业学院学报》2017 年第 3 期。

② 赵通福：《社会工作介入易地扶贫安置区老年人社区融入实务研究》，硕士学位论文，西北民族大学民族学与社会学学院，2020，第 13—18 页。

③ 俞慧杰：《小组工作介入易地扶贫搬迁社区儿童社会适应的研究》，硕士学位论文，华东理工大学社会与公共管理学院，2019，第 50 页。

教育指导。对此,社会工作者可以组织多种益智游戏,让社区儿童在游戏中学习各种知识,并且还可以通过小课堂的形式指导他们完成作业,为其答疑解惑。而对于家庭经济较为困难、有工作需求的社区居民,社会工作者可以开展具有针对性的技能培训,进行技术赋能,或者为其提供岗位信息等。尤其是在工作方面,生计来源是社区居民面对的首要问题。对生计过程中存在的问题,社会工作者可经过分类汇总,对缺乏就业能力的村民开展就业培训,协助政府进行就业安置;对有创业想法且具备能力的村民开展创业项目培训,以提升居民自身发展能力为根本,帮助他们在多方合力作用下实现生活条件的改善。[①]

L社区的社会工作服务站围绕社区儿童、中青年、老年和残障群体的不同特点分别制定规划,充分利用个案、小组和志愿服务等方面的优势,开展相应服务。根据L社区安置群体的特点,社会工作服务站提供的服务主要集中在儿童教育和居民融入两大领域。在儿童教育方面,社会工作者通过儿童联系家庭,以此作为专业介入的突破口,围绕社区儿童的生活、学习和发展开展了"滴滴侠"社区安全出行计划、"红领巾"广播员、手工技能成长小组、"四点半课堂"等多种活动,通过寓教于乐的方式,不仅传授了交通安全、人身安全等生活知识,提高了孩子们的学习兴趣,锻炼了孩子们的实践能力,而且减轻了居民照料孩子的负担,丰富了儿童的课余生活,同时深化了儿童与同龄群体的交流。在促进社区居民生活融入方面,社会工作服务站开展了义诊、党群联席共议会、亲子游园活动等一系列活动,

① 邓华丽:《基于社会工作视角的易地扶贫搬迁对象社会融入问题探讨》,《山西青年职业学院学报》2017年第3期。

有效满足了社区不同群体的需求，使居民都能够参与进来。此外，对于独居老人和困境儿童家庭，社会工作服务站还开展了关怀陪伴行动，通过深入困难群众家庭，从暖情陪伴、情绪疏导、生活环境治理、赠送爱心物资等方面进行志愿服务，促进不同的搬迁群体在搬迁后都能适应社区生活、融入新的环境。

总而言之，准确了解、把握不同群体的特性和需求，需要社会工作者前期做好充分的调研工作。一方面，社会工作者践行以人为本的精神，以提供社会服务、为民解困为服务宗旨，通过赋权增能等方式改善易地扶贫搬迁居民的需求问题。另一方面，社会工作者需秉承助人自助的服务理念，扎根在易地扶贫搬迁社区，为不同居民提供不同的帮助和指导，启发他们自主解决问题，实现搬迁居民自身长远发展。①

三、多种资源链接与各方关系协调

对于跨区域易地扶贫搬迁社区来说，一方面社区居民因远距离分散搬迁而缺乏完善的社会支持网络，另一方面社区治理的资金来源单一，多靠行政性拨款，因而可调动的资源有限。社会工作者既可以链接除政府财政支出外的企业、非政府组织和社会公众的资金、人力、信息、技术等正式资源，也可以利用包括服务对象在内的社会网络支持等非正式资源。② 因此，社会工作者可以充分发挥资源链接的优势，实现社区可利用资源供给多元化；通

① 冯柏成：《易地扶贫搬迁居民的社会融入困境与对策——基于专业化社区服务视域》，《中国社会工作》2020 年第 34 期。

② 郑夏：《精准扶贫背景下社会工作介入易地搬迁的必要性探究》，《长春师范大学学报》2017 年第 7 期。

过协调各方关系，集结多种力量，充分利用当地资源，拓展外部可用资源，为社区建设注入新的力量，不断提高社区治理效能。例如，对有劳动能力和就业意愿的社区成员，社会工作者可以结合其家庭情况和个人特长，链接迁入地周边餐馆、酒店等资源为其解决就业问题。而对于社区内占比较高的弱劳动力、半劳动力或是因年龄大无法实现正常就业的居民，社会工作者可以通过整合所在社区的资源，或者与附近区域的工厂和企业进行联系并说明情况，帮助有工作意愿的居民找到适合他们的工作岗位，以此减轻家庭负担。除此之外，社会工作者还可以通过链接各方资源，对搬迁群众开展个性化的职业技能培训，鼓励搬迁群众自主创业。① D街道下辖的安置社区内一般都建有社区微工厂以解决部分居民家门口就业问题，但由于政府提供的就业培训只有少部分居民参加，实际的运作效果很不理想。对于这种情况，社会工作者的参与可以有针对性地对帮扶对象开展技能培训，以加强社区居民的能力建设，帮助搬迁群众摆脱对外界的过度依赖，促进搬迁群众走内源式发展道路。对生活有困难的居民，社会工作者可以通过上门逐户摸底走访，帮助他们申请最低生活保障或社会资助来暂时缓解经济压力，并以提高居民的职业竞争力为目标，促进居民自我发展。② 对于社区居民在子女教育上遇到的问题，社会工作者可以联系政府、社会力量、开发商，多方合作，加大建设力度，保障搬迁居民子女享受高质量的教育资源；也可以通过发展学校志愿者来开展团体活动，促进学生之间相互认识、理解和交流，使其更好地融入新的学习环

① 向德平：《社会工作助力开启易地扶贫搬迁群众的新生活》，《中国社会工作》2019 年第 22 期。
② 邓华丽：《基于社会工作视角的易地扶贫搬迁对象社会融入问题探讨》，《山西青年职业学院学报》2017 年第 3 期。

境中。

在多元主体共同参与社区治理的过程中，社会工作者以其独特的价值理念和专业的工作方法发挥了重要作用。[①] 社会工作者在参与社区治理与社区服务的过程中，已经探索出一条有效的实践路径，如“三社联动”[②]将社区、社会组织、社会工作紧密地联系起来，打通为社区、社区居民提供多样化与专业性服务的道路。不管是社区“两委”还是社区内部自发形成的社会组织，一切社区基础设施和能够接触到的社会资本都是社会工作者开展活动的基础。社会工作者要充分利用社区内现有的有效资源，在社区工作人员和各部门的支持与协助下更好地开展服务活动。在具体工作中，社会工作者要协调好各方面的关系：一方面，社会工作者要积极在活动中与居民建立良好的信任关系，只有得到广大社区居民的认可，才能更好地得到社区的支持和帮助，为社区的邻里介入工作打好基础；另一方面，在活动开展的过程中，社会工作者要始终协调处理好同社区“两委”以及社区内各部门工作人员的关系，为小组活动、社区活动的开展打好基础。[③]

四、社会工作介入易地扶贫搬迁社区的实践反思

中国的脱贫攻坚战已经取得全面胜利，但“脱贫摘帽不是终点，而是新

---

① 冯柏成：《易地扶贫搬迁居民的社会融入困境与对策——基于专业化社区服务视域》，《中国社会工作》2020 年第 34 期。

② 徐选国、徐永祥：《基层社会治理中的“三社联动”：内涵、机制及其实践逻辑——基于深圳市 H 社区的探索》，《社会科学》2016 年第 7 期。

③ 李柔：《社会工作助推易地扶贫搬迁安置社区和谐邻里关系建设》，硕士学位论文，贵州大学公共管理学院，2019，第 53 页。

生活、新奋斗的起点”①。易地扶贫搬迁虽然完成了“搬得出”的任务，但“后半程”的工作可谓任重道远，尤其是跨区域易地扶贫搬迁社区在治理与发展中面临的挑战更为突出，更需要专业社会工作力量的介入。笔者通过对 L 社区和 W 社区的深入调研，概括出跨区域易地扶贫搬迁社区所具有的典型特征，分析其在治理和发展中面临的一系列困境，并结合专业社会工作机构在社区内的服务实践，总结出社会工作介入此类社区治理与发展的有效路径。通过上述分析，我们可以得出以下结论。

首先，跨区域易地扶贫搬迁社区相较于其他类型的社区，在人口构成、贫困程度等方面具有特殊性，在治理和发展中需要解决的问题更为棘手，因此跨区域易地扶贫搬迁社区的治理和发展更需要取得多方力量的支持。

其次，就目前的治理实践来看，跨区域易地扶贫搬迁社区治理的主导力量还是自上而下的政府力量，体现为一种“人海战术”，即通过加强工作人员的配备以实现对搬迁人口的全覆盖。依靠这种力量维持的社区秩序具有权宜性，一旦政府力量撤出，社区就可能回到原来的混乱状态，所以单纯依靠政府力量维持的社区秩序不具有可持续性。

最后，社会工作作为一种专业性力量，在跨区域易地扶贫搬迁社区的治理与发展中具有独特的优势。此类社区中有不少弱势群体，他们成为专业社会工作者的重要服务对象。在社会工作专业理念和方法介入后，这些弱势群体的生活质量和发展能力将得到极大的提升。就社会工作服务的实践来说，跨区域易地扶贫搬迁社区中的贫困人口、老年人口、残疾人、妇女儿童

① 习近平：《在全国脱贫攻坚总结表彰大会上的讲话》，人民日报，2020 年 3 月 7 日。

等群体是社会工作者关注的重点，如果他们的基本需求得到了有效的回应，社区的基础秩序就有了保障。当然，除了聚焦具体的人群外，在具体的介入过程中，我们看到社会工作者还坚持一种整体性的价值取向，将整个社区作为关照的对象。社会工作者希望通过开展各类专业性较强的活动来增加社区治理和发展的内生动力。社会工作者的这一努力在一定程度上也契合了有关学者提出的“社区为本”的反贫困社会工作路径。① 确实，社会工作者需要从整体着眼，从生态系统理论视角出发，将整个社区视为一个系统，在此基础上探寻有效的介入路径。只有这样，社会工作者所提供的服务才更具有系统性和整体性，也更有利于跨区域易地扶贫搬迁社区诸多问题的解决。

本章小结

综上所述，社会工作在介入易地扶贫搬迁社区的治理工作中，在为社区居民提供优质公共服务层面大有可为。D 街道 L 社区的社会工作服务站正是把搭建平台、开展活动、链接资源等作为工作的突破点，才在短时间内扎下根来，取得了较大成效。该服务站在 2020 年 12 月上旬面向 L 社区居民开展的服务成效调研结果显示，整体来看，绝大部分居民对社会工作者和社会工作服务的知晓度、满意度评分都很高，对于社会工作者开展过的社区各项活动的整体成效也表示较为满意。当然，在调研中我们也发现，有关社会工作机构在实际运作和活动开展中遇到了活动经费有限、居民参与度和融

① 文军、吕洁琼：《社区为本：反贫困社会工作的理论建构及其反思》，《西北农林科技大学学报(社会科学版)》2021 年第 1 期。

入度不高、工作人员专业性知识和专业服务能力不足等问题。这表明，社会工作介入易地扶贫搬迁社区治理不会是一帆风顺的，想要进一步提升服务质量仍有待继续突破。

反贫困社会工作将减贫与发展视作自己的专业目标，它作为一门新兴的社会工作专业分支，在方法和理论上还处于不断完善和建构之中。本章所呈现的社会工作介入跨区域易地扶贫搬迁社区实践，只是宏大的反贫困社会工作体系中的“冰山一角”，在巩固和拓展脱贫攻坚成果、有效衔接乡村振兴战略的实践中，反贫困社会工作还有很大的施展空间。我们相信，反贫困社会工作一定会在后续的服务实践中不断走向成熟。

主要参考文献

一、外文书刊

[1] CUMMINS I. Poverty，inequality and social work[M]. BrIstol：Policy Press，2018.

[2] LOWE G R. The Professionalization of poverty：social work and the poor in the twentieth century[M]. New York：Aldine de Gruyter，1999.

[3] S GÜNTNER. EU policies against poverty and social exclusion and their implications for social work：the case of "active inclusion"[M]. Berlin：Springer Fachmedien Wiesbaden，2017.

[4] SHERRADEN M S, BIRKENMAIER J, COLLINS J M. Financial capability and asset building in vulnerable households: theory and practice[M]. New York: Oxford University Press, 2018.

[5] WOLFSOHN R. Financial social work: basics and best practices [M]. North Carolina: Center for Financial Social Work, 2012.

[6] GARY C. Poverty, social work and social justice[J]. British Journal of Social Work, 2002(6): 669—682.

[7] STUART P H. Financial capability in early social work practice: Lessons for today[J]. Social work, 2016(4): 297—303.

[8] RAINEY H G. Governing in the round: strategies for holistic government Perri 6, Diana Leat, Kimberly Seltzer, and Gerry Stoker; London, Demos, 1999, 96 pages[J]. International Public Management Journal, 2000, 3(1): 145—148.

二、中文书刊

[1] 尼克拉斯·卢曼.信任[M].瞿铁鹏,译.上海:上海人民出版社,2005.

[2] 杜赞奇.文化、权力与国家:1900—1942年的华北农村[M].王福明,译.南京:江苏人民出版社,2003.

[3] 黄宗智.长江三角洲小农家庭与乡村发展[M].北京:中华书局,2000.

[4] 卡尔·波兰尼.大转型:我们时代的政治与经济起源[M].冯刚,刘阳,译.杭州:浙江人民出版社,2007.

[5] 阿马蒂亚·森.贫困与饥荒:论权利与剥夺[M].王宇,王文玉,译.北

京：商务印书馆，2001.
[6] 黄承伟. 中国农村反贫困的实践与思考[M]. 北京：中国财政经济出版社，2004.
[7] 李昺伟，吴耀健，郭思源，等. 中国贫困人群的社工服务[M]. 北京：社会科学文献出版社，2016.
[8] 李伟. 中国贫困人群的社工服务："大爱之行"项目研究[M]. 北京：社会科学文献出版社，2016.
[9] 李小云. 环境与贫困：中国实践与国际经验[M]. 北京：社会科学文献出版社，2005.
[10] 刘冬梅. 中国农村反贫困与政府干预[M]. 北京：中国财政经济出版社，2003.
[11] 米勇生. 社会救助与贫困治理[M]. 北京：中国社会出版社，2012.
[12] 钱宁. 社会福利视域中的社会工作[M]. 北京：北京大学出版社，2016.
[13] 钱宁. 中国社会结构变迁中的农村贫困与社区能力建设：社会工作介入农村发展的理论探索[M]. 北京：社会科学文献出版社，2006.
[14] 唐钧，沙琳，任振兴. 中国城市贫困与反贫困报告[M]. 北京：华夏出版社，2003.
[15] 滕尼斯. 共同体与社会[M]. 北京：商务印书馆，1999.
[16] 习近平. 在全国脱贫攻坚总结表彰大会上的讲话[M]. 北京：人民出版社，2020.
[17] 薛新娅，钟小浜，陈国庆. 陕西省贫困治理中社会工作介入的思路与对策[M]. 北京：社会科学文献出版社，2010.

[18] 杨云彦. 社会变迁、介入型贫困与能力再造[M]. 北京：中国社会科学出版社，2008.
[19] 银平均. 社会排斥视角下的中国农村贫困[M]. 北京：知识产权出版社，2008.
[20] 赵靖伟. 农户生计安全与保障[M]. 北京：社会科学文献出版社，2014.
[21] 郑也夫. 信任论[M]. 北京：中国广播电视出版社，2001.
[22] 白南生，卢迈. 中国农村扶贫开发移民：方法和经验[J]. 管理世界，2000(3)：161—169.
[23] 曹锦清. 郡县制传统与当代中国治理[J]. 华东理工大学学报(社会科学版)，2017(5)：1—2.
[24] 陈靖，刘明. 上楼之后："涉农社区"的生活秩序及其治理探索[J]. 中国行政管理，2020(11)：59—66.
[25] 方菲，吴志华. 脱贫攻坚背景下驻村干部的"诉苦"研究：基于恩施土家族苗族自治州 X 县的考察[J]. 湖北民族大学学报(哲学社会科学版)，2020(4)：34—42.
[26] 方舒. 金融社会工作介入反贫困：何以可能与何以可为[J]. 中国社会工作，2019(31)：1.
[27] 冯柏成. 易地扶贫搬迁居民的社会融入困境与对策：基于专业化社区服务视域[J]. 中国社会工作，2020(34)：35—36.
[28] 葛志军，邢成举. 精准扶贫：内涵、实践困境及其原因阐释：基于宁夏银川两个村庄的调查[J]. 贵州社会科学，2015(5)：157—163.
[29] 古学斌. 道德的重量：论行动研究与社会工作实践[J]. 中国农业大学

学报(社会科学版),2017(3)：67—78.

[30] 郭儒鹏,王建华,罗兴奇.从“嵌入”到“互嵌”：民族地区贫困治理研究的视角转换：基于贵州省T县调研[J].贵州社会科学,2019(11)：160—168.

[31] 黄耀明.社会工作介入失独家庭生活重建的行动研究[J].东南学术,2015(5)：80—88.

[32] 李珮瑶.东亚乡村社会政策的特征及评价[J].南通大学学报(社会科学版),2019(6)：75—83.

[33] 李维,许佳宾.后脱贫时代农村青年教育价值、实践挑战及发展策略[J].国家教育行政学院学报,2020(2)：56—63.

[34] 李文钢.“劳动力”何以成为一种贫困观?：基于宁边村的调查研究[J].中国农业大学学报(社会科学版),2019(6)：104—115.

[35] 李文钢.当代中国民族文化与经济发展的悖论逻辑[J].湖北民族大学学报(哲学社会科学版),2020(5)：84—92.

[36] 李文钢.民族传统文化创造性转化的理论基础和实践机制[J].广西民族大学学报(哲学社会科学版),2019(6)：47—53.

[37] 李小云,吴一凡,董强,等.发展性贫困的生产：制度与文化的田野对话：一个Y族村庄生活的发展叙事[J].广西民族大学学报(哲学社会科学版),2019(3)：164—174.

[38] 李迎生,郭燕.推动社会工作精准介入反贫困实践[J].中国人民大学学报,2018(5)：92—103.

[39] 李壮,陈书平.贫困文化论与非均衡治理：对“等、靠、要”扶贫现象的成

因解释[J]. 湖北民族学院学报(哲学社会科学版),2019(3):128—134.

[40] 刘升. 城镇集中安置型易地扶贫搬迁社区的社会稳定风险分析[J]. 华中农业大学学报(社会科学版),2020(6):94—100.

[41] 刘隐礼,宋今. 扶贫视角下的乡村治理:以青海省互助县和湟源县为例[J]. 农村实用技术,2021(1):118—119.

[42] 马良灿,哈洪颖. 项目扶贫的基层遭遇:结构化困境与治理图景[J]. 中国农村观察,2017(1):2—13.

[43] 马流辉,曹锦清. 易地扶贫搬迁的城镇集中模式:政策逻辑与实践限度:基于黔中G县的调查[J]. 毛泽东邓小平理论研究,2017(10):80—86.

[44] 马流辉. 易地扶贫搬迁的"城市迷思"及其理论检视[J]. 学习与实践,2018(8):87—94.

[45] 苗丰麟. 关于志书设置基础部类的探讨[J]. 中国地方志,2006(3):27—31.

[46] 钱宁. 农村发展中的新贫困与社区能力建设:社会工作的视角[J]. 思想战线,2007(1):20—26.

[47] 师海玲,范燕宁. 社会生态系统理论阐释下的人类行为与社会环境[J]. 首都师范大学学报(社会科学版),2005(4):94—97.

[48] 王春光. 贵州省脱贫攻坚及可持续发展研究[J]. 贵州民族大学学报(哲学社会科学版),2018(3):39—56.

[49] 王思斌. 民族地区的社会治理与社会工作参与研究[J]. 广西民族大学

学报(哲学社会科学版)，2017(5)：92—98.

[50] 王友云.跨区域易地扶贫搬迁移民社区治理路径探讨：以贵州铜仁移民社区为例[J].贵州省党校学报，2020(6)：36—45.

[51] 文军，吕洁琼.社区为本：反贫困社会工作的理论建构及其反思[J].西北农林科技大学学报(社会科学版)，2021(1)：10—18.

[52] 吴新叶.易地扶贫搬迁安置社区的紧张与化解[J].华南农业大学学报(社会科学版)，2018(2)：118—127.

[53] 向德平.社会工作助力开启易地扶贫搬迁群众的新生活[J].中国社会工作，2019(22)：1.

[54] 熊怡，王友，李玥.健康扶贫的医务社会工作介入与社会支持网络构建[J].保健医学研究与实践，2019(6)：1—6.

[55] 徐选国，徐永祥.基层社会治理中的"三社联动"：内涵、机制及其实践逻辑：基于深圳市 H 社区的探索[J].社会科学，2016(7)：87—96.

[56] 杨发祥，郭儒鹏.嵌入、建构与增能：民族地区精准脱贫的实践探索：以贵州省 T 县为个案[J].江苏行政学院学报，2019(2)：71—78.

[57] 张和清，杨锡聪，古学斌.优势视角下的农村社会工作：以能力建设和资产建立为核心的农村社会工作实践模式[J].社会学研究，2008(6)：174—193.

[58] 张玉磊.整体性治理理论概述：一种新的公共治理范式[J].中共杭州市委党校学报，2015(5)：54—60.

[59] 郑娜娜，许佳君.易地搬迁移民社区的空间再造与社会融入：基于陕西省西乡县的田野考察[J].南京农业大学学报(社会科学版)，2019(1)：

58—68.

[60] 郑夏.精准扶贫背景下社会工作介入易地搬迁的必要性探究[J].长春师范大学学报,2017(7):89—91.

三、其他资源

[1] 国家统计局住户调查办公室.2016 中国农村贫困监测报告[R].中国统计出版社,2016(15):15,183.

[2] 刘远坤.贵州省扶贫开发工作情况报告:2016 年 7 月 26 日在省十二届人大常委会第二十三次会议上[EB/OL].(2016 - 07 - 26)[2017 - 12 - 24]. http://www.gzrd.gov.cn/cwhgb/dseg2016ndsh/21391.shtml.

[3] 闫薇,张燕.易地扶贫搬迁后续帮扶的民政作为:贵州乡镇社会工作和志愿服务站建设观察[N].中国社会报,2020 - 10 - 21。

后　记

反贫困实践既是国家战略任务，也是社会工作的重要服务领域。通过积极参与精准扶贫战略，对接乡村振兴要求，反贫困社会工作实践不断积累重要经验，也推动了反贫困社会工作理论的本土建构。因此，本书致力于通过加强反贫困社会工作的理论与经验对话，以此总结出本土语境中社会工作参与反贫困实践的更优路径与方式，为“后 2020 时代”的持续减贫工作提供有益参考。

反贫困社会工作是政策助推下的制度建构，也是基于扶贫经验总结的实务累积。因此，本书以内生动力为核心理念，从理论梳理和经验分析两个维度对反贫困实践展开社会工作视野下的学科思考，助推反贫困社会工作的进一步落地。在此基础上，本书通过充分展示已有的扶贫经验，如项目扶贫、组织扶贫、产业扶贫、易地扶贫等，对贫困文化、扶贫干部与扶贫对象进行理论探讨，从多角度进行反贫困社会工作理论与经验的对话，搭建起反贫困社会工作的“中层理论”桥梁。

本书撰写分工如下：第一章，华东理工大学杨发祥、吴氏花，福州大学王杰；第二章，上海海洋大学叶淑静；第三章，贵州财经大学李文钢；第四章和第五章，华东理工大学杨发祥、山西财经大学郭儒鹏；第六章，华东理工大学毛安然、王瑞超；第七章，华东理工大学陆婵媛、李安琪；第八章，华东理工大学马流辉、佘国梁、范春梅。杨发祥、叶淑静、毛安然负责全书的统稿工作。感谢贵州省黔东南苗族侗族自治州台江县、贵州省安顺市、云南省寻甸回族彝族自治县、安徽省扶贫办为本书的撰写在实地调研方面提供了便利。华东理工大学社会与公共管理学院博士后顾楚丹、高洪波，博士生杨发萍、刘军、郭科、沈锦浩、吴氏花，硕士生王玉琳、王小语、李金梦、孙康程等，参与了实地调查和文献资料的收集与整理工作。本书获得了上海市教委人文社科重大项目“乡村振兴视野下的新型城乡关系研究”(2019－01－07－00－02－E00047)的支持。感谢所有奋战在脱贫攻坚一线的扶贫干群和顺利脱贫的被帮扶对象，正是所有人的不懈接力，才保证了全面建成小康社会的如期实现！

杨发祥

2023 年 5 月 15 日于上海